大数据背景下智能财务管理研究

姜美琴 著

中国商务出版社

·北京·

图书在版编目（CIP）数据

大数据背景下智能财务管理研究 / 姜美琴著. 一 北京：中国商务出版社，2023.11
ISBN 978-7-5103-4786-3

Ⅰ. ①大… Ⅱ. ①姜… Ⅲ. ①财务管理系统—研究
Ⅳ. ① F232

中国国家版本馆 CIP 数据核字（2023）第 149720 号

大数据背景下智能财务管理研究
DASHUJU BEIJING XIA ZHINENG CAIWU GUANLI YANJIU

姜美琴　著

出　　版：中国商务出版社
地　　址：北京市东城区安外东后巷 28 号　　邮编：100710
责任部门：发展事业部（010-64218072）
责任编辑：李鹏龙
直销客服：010-64515210
总 发 行：中国商务出版社发行部（010-64208388　64515150）
网购零售：中国商务出版社淘宝店（010-64286917）
网　　址：http://www.cctpress.com
网　　店：https://shop595663922.taobao.com
邮　　箱：295402859@qq.com
排　　版：北京宏进时代出版策划有限公司
印　　刷：廊坊市广阳区九洲印刷厂
开　　本：787 毫米 ×1092 毫米　1/16
印　　张：10.25　　　　　　字　　数：220 千字
版　　次：2023 年 11 月第 1 版　　印　　次：2023 年 11 月第 1 次印刷
书　　号：ISBN 978-7-5103-4786-3
定　　价：65.00 元

前言
PREFACE

随着科技的迅速发展和互联网的普及，大数据和智能技术在各个领域中不断催生出新的机遇和挑战。在财务管理领域，这些新兴技术正在引领一场革命性的变革，将传统的财务管理模式推向新的高峰。本书探讨大数据和智能技术在财务管理中的应用，并对智能财务管理的理论框架与模型进行深入研究。

第一章介绍本书的研究内容和结构安排。

第二章聚焦大数据和智能技术的发展与应用。

第三章构建智能财务管理的理论框架与模型。

第四章将传统财务管理与智能财务管理进行比较。

第五章重点探讨大数据在财务数据采集与处理中的应用。

第六章聚焦于智能财务决策与预测分析。

第七章重点研究智能财务报告与绩效评估。

第八章着重研究智能财务风险管理与合规。

第九章着眼于智能财务系统与技术平台。

本书综合运用理论分析、实证研究和案例分析等方法，探索了大数据和智能技术在财务管理领域中的应用。智能财务管理的兴起将为企业带来更为精确、高效的决策支持，提升财务管理的水平，推动企业可持续发展。同时，智能财务管理在实践过程中会面临一系列挑战，但正是这些挑战激励着我们不断探索和创新。

衷心感谢所有为本书撰写和出版提供支持的人员，特别感谢家人和朋友们在我撰写本书过程中给予的理解和支持。希望本书能够为财务管理领域的学者、决策者和从业者提供有价值的参考，共同推动智能财务管理的发展和应用。

愿本书为财务管理研究领域带来新的思想火花和实践成果，作者也能够为构建智能化、高效化的财务管理体系贡献一份微薄之力。

作者

2023.7

目 录
CONTENTS

第一章　引言

第一节　研究背景和动机

一、研究背景

随着全球经济的快速发展和科技的不断进步，企业面临着日益复杂多变的市场环境。全球化竞争和数字化转型带来了新的机遇和挑战，企业只有在快速变化的市场中保持其竞争力才能得以生存发展。财务管理作为企业决策与经营的重要支撑，其效率和准确性对企业的稳健发展至关重要。

然而，由于过于依赖人工处理庞大的数据量和复杂的信息系统，传统的财务管理模式容易导致信息的滞后和决策的迟滞。财务决策者需要花费大量时间和精力在数据采集、整理和分析上，导致无法及时获取准确的财务信息和企业运营状况。特别是在面对海量数据和高速变化的市场时，传统的财务管理模式往往显得力不从心。

同时，海量的数据不断产生，如交易数据、市场数据、用户行为数据等，这些数据蕴含着丰富的信息和商机。然而，如果不能从这些大数据中准确提取有用的信息，将会对企业的决策和经营产生不利影响。传统的财务管理无法充分利用这些数据资源，无法实现对数据的全面挖掘和价值提升。

二、研究动机

鉴于传统财务管理模式的局限性和挑战，引入大数据和智能技术来优化财务管理流程成为当务之急。大数据技术的出现使得企业能够处理海量的数据，高效提取有用信息，有助于企业准确把握市场动态和运营状况。智能技术的快速发展为财务管理带来了新的机遇，如人工智能、机器学习、自然语言处理等技术，为财务数据的分析和预测提供了新的手段和视角。智能财务管理能够使决策者可以更好地理解财务数据，更准确地预测企业未来的发展趋势，更高效地制定战略决策，从而为企业创造更大的价值。

本书探索了大数据和智能技术在财务管理领域的应用，可以为企业提供全新的财务管理模式，提高决策的精准性和效率，推动企业走向智能化、数字化的未来。通过深入研究大数据和智能技术在财务管理中的应用案例，本书可以为企业决策者提供有价值的指导和启示，帮助他们更好地应对市场挑战，抢占先机。

此外，本书探讨了智能财务管理面临的挑战和问题，如数据隐私保护、智能技术的可信度等，旨在为智能财务管理的可持续发展提供思路和建议。

第二节 研究目的和问题陈述

一、研究目的

本书主要目的在于深入探讨大数据和智能技术在财务管理中的应用，并从理论和实践两个方面回答关键问题。通过对大数据和智能技术在财务管理中的影响进行研究，本书旨在揭示传统财务管理模式存在的局限性和不足，以及引入大数据和智能技术的必要性。同时，本书探讨了如何构建智能财务管理的理论框架和模型，以提高财务决策的精确性和效率。通过深入研究大数据在财务数据采集与处理中的应用，本书分析了其中存在的挑战和机遇，以及如何充分发挥大数据技术在财务管理中的价值。此外，本书还深入探讨智能财务决策模型与算法的实际应用效果，以验证智能财务管理的可行性和优势。

二、研究问题陈述

1. 大数据和智能技术如何影响传统财务管理模式？

本问题将重点探讨大数据和智能技术对传统财务管理模式带来的影响。本书研究了传统财务管理模式的特点和局限性，分析传统模式在面对海量数据和快速变化市场时的不足。同时，本书揭示了大数据和智能技术的优势，如数据的实时采集和处理能力，以及智能决策模型的高效性和准确性。通过对比研究，本书认识到传统财务管理模式的不适应性，进而理解引入大数据和智能技术的必要性。

2. 如何构建智能财务管理的理论框架和模型？

本问题将着重探讨智能财务管理的构建过程。本书分析了智能财务管理的核心理论基础，如人工智能、机器学习、数据挖掘等，以及如何将这些理论应用于财务管理领域。通过借鉴相关领域的成功经验，本书建立智能财务管理的理论框架和模型，为企业提供智能化的财务决策支持。同时，本书还将关注智能财务管理模型的可操作性和适应性，确保理论框架能够在实际应用中得到有效落地。

3. 大数据在财务数据采集与处理中的应用有哪些挑战和机遇？

本问题将探讨大数据在财务数据采集与处理中的实际应用情况。本书分析了海量数据对财务数据采集的挑战，如数据质量保障、数据隐私保护等。同时，本书还将探讨大数据技术在财务数据清洗、整合和分析中的机遇，如数据挖掘技术对数据的深度挖掘，以及数据可视化技术对数据的直观展示。通过对挑战和机遇的深入分析，本书将为财务管理者提供应对海量数据的有效策略和方法。

4.智能财务决策模型与算法在实际应用中的效果如何？

本问题将着重评估智能财务决策模型与算法在实际应用中的效果。本书结合企业实际案例和数据，通过定量和定性的研究方法，评估智能财务决策模型在提高决策精准性和效率方面的实际效果。同时，本书还将关注智能财务决策模型的可靠性和可解释性，确保模型的结果能够为决策者所接受和信任。通过对智能财务决策模型的效果评估，本书将为企业选择合适的智能化技术和模型提供参考。

通过深入研究上述问题，本书旨在全面了解大数据和智能技术对财务管理的影响和意义，为智能财务管理的实践提供理论支持和方法指导，从而推动企业财务管理的数字化和智能化转型。

第三节　研究方法和数据来源

一、研究方法

（一）理论研究

本书通过广泛的文献综述，深入研究大数据和智能技术在财务管理领域的相关研究现状和发展趋势。首先，通过查阅各类学术期刊、国际会议论文和专业书籍，以获取关于大数据和智能技术在财务管理中的前沿理论和最新研究成果。本书关注大数据技术在财务数据采集、处理和分析方面的应用，以及智能技术在财务决策与预测方面的研究进展。

在理论研究过程中，本书重点关注以下几个方面：第一，大数据概念和特点。对大数据的定义和特点进行综合分析，探讨大数据对财务管理的影响和挑战。第二，智能技术在财务管理中的应用。研究人工智能、机器学习、自然语言处理等智能技术在财务管理中的应用场景和方法，探讨智能技术对财务决策的辅助作用。第三，大数据与智能技术融合。研究大数据和智能技术的融合模式和方法，探索如何将大数据和智能技术有机结合，为财务管理提供更强大的支持。第四，智能财务管理理论框架。构建智能财务管理的理论框架，从数据采集、处理、分析到决策支持等环节进行系统性的研究和设计。

通过理论研究，本书深入了解大数据和智能技术在财务管理领域的最新研究动态和理论成果，为后续实证分析和案例研究提供理论基础和指导。

（二）实证分析

为了深入了解大数据和智能技术在财务管理中的实际应用情况，本书采用实证分析方法。实证分析是通过收集和分析实际数据，对问题进行实证验证和实际效果评估的研究方法。本书重点关注大数据和智能技术在财务数据处理和决策支持中的应用效果。

首先，收集来自企业的实际财务数据，包括财务报表、交易数据、市场数据等。这些数据有助于了解企业的财务状况、经营状况和市场表现，为后续的数据分析提供基础。其次，采用统计分析方法，对这些财务数据进行挖掘和分析。例如，运用数据挖掘技术对财务数据进行聚类、分类和预测，以发现数据背后的规律和趋势。最后，将应用机器学习算法对财务数据进行模式识别和异常检测，以提高财务数据的准确性和可靠性。

通过实证分析，本书评估了大数据和智能技术在财务管理中的实际应用效果，探讨了其对财务决策的影响和价值。同时，本书发现一些实际应用中可能面临的挑战和问题，为进一步优化智能财务管理提供实证支持。

（三）案例研究

为了深入了解大数据和智能技术在实际企业中的应用情况，本书进行了多个案例研究。案例研究将选择具有代表性和先进性的企业作为研究对象，通过深入访谈和数据收集，了解这些企业在财务管理中采用大数据和智能技术的具体做法和效果。在选择案例企业时，本书注重跨行业和不同规模企业的代表性，以确保研究结果的广泛适用性。

在案例研究过程中，本书关注以下几个方面：

1. 大数据应用案例

本书深入了解案例企业如何应用大数据技术在财务数据采集与处理中。例如，企业是否采用数据仓库或数据库等技术，如何实现对海量数据的高效清洗和整合，以及采用了哪些大数据技术来实现数据分析和预测。

2. 智能技术应用案例

本书探讨案例企业在财务决策与预测中如何应用智能技术。例如，企业是否采用机器学习算法来进行财务数据分析和预测，如何利用自然语言处理技术提取财务报表中的重要信息，以及是否使用智能财务报告工具辅助决策。

3. 应用效果与挑战

本书评估案例企业在应用大数据和智能技术后取得的效果。例如，大数据和智能技术是否提高了财务数据的准确性和及时性，是否促进了财务决策的智能化和精确性。同时，本书将发现一些实际应用中可能遇到的挑战和问题，如数据隐私保护、人工智能算法的可解释性等。

通过案例研究，本书了解到大数据和智能技术在实际企业中的应用情况，总结出成功的应用经验和教训。这些案例将为其他企业在智能财务管理方面提供借鉴和启示，帮助这些企业更好地应用大数据和智能技术，提升其财务管理水平和决策效能。

综合上述三种研究方法，本书全面深入地探讨大数据和智能技术在财务管理中的应用，从理论到实践，从宏观到微观，为智能财务管理的理论和实践提供有力支持。通过理论研究，本书建立智能财务管理的理论框架；通过实证分析，本书评估智能财务管理的实际效果；通过案例研究，本书总结成功的应用经验和教训。这些研究方法和数据来源的综合应用，将为智能财务管理的发展和推广提供有价值的建议和参考。

二、数据来源

（一）企业财务报表

企业的财务报表是反映企业财务状况和经营绩效的重要数据源。在研究中，本书仔细收集并分析企业的资产负债表、利润表和现金流量表等财务报表。资产负债表可以反映出企业的资产和负债状况，分析企业的财务稳健性和偿债能力。利润表将揭示企业的收入和费用情况，评估企业的盈利能力和经营业绩。现金流量表将展示企业的现金流入流出情况，有助于了解企业的现金流动性和资金管理状况。

通过对企业财务报表的详细分析，本书探讨了大数据和智能技术在财务数据处理中的应用。例如，使用大数据技术实现财务数据的实时采集和处理，提高数据的准确性和及时性。同时，智能技术的应用可以发现财务数据中的潜在模式和异常情况，为财务决策提供更精准的数据支持。

（二）交易数据

企业的交易数据是关于销售、成本、利润等交易情况的重要数据来源。在研究中，本书收集并分析企业的交易数据，以深入了解企业的营销和销售业绩。交易数据将包括企业的销售额、销售渠道、销售地区、产品销售量、销售成本等信息，这些数据将有助于对企业的销售策略和市场表现进行分析和预测。

通过对交易数据的分析，本书研究大数据和智能技术在财务数据分析中的应用。例如，使用大数据技术对交易数据进行数据挖掘，发现潜在的销售趋势和市场需求，为企业的市场营销决策提供有力支持。同时，智能技术的应用可以构建销售预测模型，预测未来销售趋势，为企业的销售计划和生产安排提供决策参考。

（三）市场数据

市场数据是了解企业所处行业和市场环境的重要信息。在研究中，本书通过获取行业市场规模、竞争对手情况、市场份额等市场数据，全面了解企业的市场地位和行业趋势。市场数据的分析可以反映出企业所在行业的发展状况、竞争格局以及面临的市场机会和挑战。

通过对市场数据的深入分析，本书探讨了大数据和智能技术在市场趋势分析中的应用。例如，使用大数据技术对市场数据进行数据挖掘，发现行业的发展趋势和市场潜力，为企业的战略决策提供参考。同时，智能技术的应用可以对市场竞争对手进行分析和预测，为企业的竞争战略制定提供支持。

（四）相关研究机构和学术期刊的公开数据

为确保研究的可靠性和科学性，本书收集了来自相关研究机构和学术期刊的公开数据。这些数据将用于对行业发展趋势和智能技术应用案例的分析。本书寻找并收集与财务管理领域相关的研究报告、调查数据、市场分析等公开数据，以便对行业发展趋势和智能技术应用案例进行全面综合的研究。

相关研究机构和学术期刊的公开数据将为本书提供权威的信息来源，这些数据往往经过严格的研究和审核，具有较高的可信度。本书仔细筛选和分析这些数据，以确保研究的科学性和有效性。同时，通过对相关研究机构的报告和学术期刊的文章进行综合分析，可以了解国内外财务管理领域的最新研究动态和趋势，从而为本书提供重要的参考和借鉴。

通过以上数据来源的整合和分析，本书能够全面深入地探讨大数据和智能技术在企业财务管理中的应用，从不同维度了解其对财务决策和绩效评估的影响。企业财务报表、交易数据和市场数据将提供实际的企业运营数据，帮助了解企业的财务状况和市场表现。相关研究机构和学术期刊的公开数据则将为本书提供了国内外的研究成果和经验，为本书提供广阔的视野和理论支持。

综合上述数据来源和研究方法，本书全面分析和探讨了大数据和智能技术在财务管理中的应用，为智能财务管理的理论框架和实践提供了有力的支持和指导。同时，本书确保数据的可靠性和科学性，使研究结果具有较高的可信度和实用性。

第二章　大数据和智能技术的发展与应用

第一节　大数据的概念和特点

随着信息时代的到来，人类在生产、交流、存储和处理信息方面取得了前所未有的进步。这些信息被广泛地应用于商业、科学、医疗、社会等各个领域。然而，随着信息技术的快速发展和互联网的普及，大量的数据不断产生，如何有效地管理和利用这些海量数据成为一项巨大的挑战。在这个背景下，大数据概念应运而生。

一、大数据的概念

大数据是指规模庞大、结构复杂、高增长率的数据集合。与传统数据库管理系统相比，大数据的数据量远远超出了其能够高效处理和分析的范围。大数据通常具有"3V"特征，即数据的体积（Volume）、速度（Velocity）和种类（Variety）。

（一）体积

体积是指大数据的数据量非常庞大。传统数据库管理系统往往只能处理几十 GB 或几百 GB 级别的数据，而大数据可以达到 TB、PB 甚至 EB 级别。这巨大的数据量涉及海量的存储需求和高效的数据处理能力。

1. 大数据体积的定义

大数据的体积是指数据集合非常庞大，远远超出传统数据库管理系统的处理能力。传统数据库系统通常只能处理几十 GB 或几百 GB 级别的数据，而大数据的规模可以达到 TB、PB 甚至 EB 级别。这一特征是大数据的主要标志之一。

2. 对传统数据库管理系统的挑战

传统数据库管理系统在处理大数据体积时面临着诸多挑战，主要包括以下方面：

存储能力。大数据的体积庞大，需要巨大的存储空间来存储这些数据。传统数据库管理系统的存储容量有限，无法存储如此庞大的数据量，因此需要使用分布式存储系统或云存储等新技术来满足存储需求。

数据传输。大数据的传输需要高带宽和高速网络，否则数据传输就会成为瓶颈，影响数据处理效率。传统网络往往无法满足大数据传输的要求，因此需要优化网络基础设施来支持大数据的传输需求。

数据备份与恢复。由于大数据的体积巨大，数据备份和恢复变得更加复杂和耗时。传统数据库备份和恢复机制往往不再适用，需要采用更高效的备份和恢复策略。

3.存储需求

存储介质。针对大数据的存储需求，出现了多种存储介质供选择。传统的硬盘存储容量虽然有限，但价格相对较低，适合存储中小规模的大数据。固态硬盘（SSD）存储速度更快，适合存储需要快速读写的大数据。另外，磁带存储作为一种较为经济的备份手段，在长期数据存储方面也得到了应用。

分布式存储系统。为了满足大数据的存储需求，分布式存储系统应运而生。分布式存储系统将数据分布在多个节点上，实现了数据的横向扩展。这种方式不仅提高了存储能力，还提高了数据的可用性和可靠性。

云存储。云存储作为一种灵活高效的存储方式，越来越受到人们的欢迎。大数据可以存储在云端，按需进行扩展，无须投资大量硬件设备，提高了数据存储的灵活性和成本效益。

4.高效数据处理

并行计算。为了高效处理大数据的体积，采用并行计算技术是一种有效的方式。并行计算将任务分割成多个子任务，并在多个计算节点上同时执行，大大提高了数据处理的效率。

分布式计算。类似于分布式存储系统，分布式计算将计算任务分布在多个计算节点上进行，并通过网络进行通信和协调。这样可以充分利用多个计算资源，加快数据处理速度。

内存计算。传统的硬盘存储和数据库访问速度相对较慢，而内存存储速度非常快。内存计算技术将数据加载到内存中进行处理，可以大幅缩短数据访问时间，提高数据处理效率。

（二）速度

1.速度的定义

速度指的是数据的生成、传输和处理速度极快。在互联网时代，用户每时每刻都在产生大量数据，如社交媒体消息、传感器数据、日志等。人们需要能够实时或近实时地捕获、存储和分析这些高速产生的数据流。

2.互联网时代的数据生成与传输

社交媒体数据。社交媒体平台如 Facebook、Twitter 和 Instagram 等，每天都会产生大量的消息、图片和视频。用户在这些平台上分享生活和观点，导致社交媒体数据的生成速度非常快。

传感器数据。随着物联网的发展，各种传感器（如温度传感器、GPS 传感器等）被广泛应用于各个领域。这些传感器不断地产生数据，如气温、交通流量、设备运行状态等，产生了海量的传感器数据。

日志数据。网络服务器、计算机和移动设备等都会产生大量的日志数据，用于记录用户行为、系统状态和错误信息。这些日志数据持续地生成和传输，对系统运维和故障排查非常重要。

3. 大数据实时处理的需求

实时决策。在许多应用场景中，实时决策至关重要。例如，在金融交易中，实时分析和反馈可以帮助机构及时发现潜在风险，防止欺诈行为。在物流领域，实时决策可以优化路线和配送模式，提高效率和准确性。

及时响应。许多应用需要及时响应用户的需求。例如，在社交媒体上，快速地回应用户的评论和问题可以增强用户体验和忠诚度。在在线购物中，实时推荐和个性化服务也能提高购物满意度。

事件检测。大数据的实时处理可以帮助人们及早发现重要事件。在安全监控领域，实时分析可以快速识别异常行为和入侵攻击。在医疗健康领域，实时监测患者数据可以帮助医生及时做出诊断和治疗决策。

（三）种类

种类指大数据的多样性。大数据不仅包含结构化数据，还包括非结构化数据。这些不同类型的数据需要采用不同的技术和方法进行处理和分析。

1. 种类的定义

种类是指大数据涵盖了多种不同类型的数据，包括结构化数据和非结构化数据。结构化数据是指以表格形式组织，具有清晰的数据模式和字段，可以轻松在数据库中存储和查询。而非结构化数据是指没有明确定义的数据模式，如文本、图像、音频、视频等。

2. 结构化数据与非结构化数据的区别

结构化数据。结构化数据是指按照预定义的数据模式和字段进行组织及存储的数据。它具有以下特点：第一，格式清晰。以表格形式展示，每个数据项都对应着特定的字段。第二，数据类型明确。每个字段都有明确定义的数据类型，如整数、浮点数、字符串等。第三，容易处理。结构化数据适用于传统的数据库管理系统，可以进行简单的查询、过滤和分析。

非结构化数据。非结构化数据没有预定的数据模式和字段，它们既不以表格形式组织展示，也没有明确的数据类型。它具有以下特点：第一，格式不规则。数据没有统一的结构，可以是自由文本、图像像素、声波信号等。第二，难以处理。传统数据库管理系统无法直接处理非结构化数据，需要采用其他技术和方法进行处理和分析。第三，包含丰富信息。非结构化数据虽然包含着丰富的信息，但要从中提取有价值的内容则需要更复杂的算法和技术。

二、大数据的重要性

（一）洞察力和决策支持

大数据分析可以揭示隐藏在数据背后的模式和趋势，帮助企业和决策者做出更明智的决策，预测市场趋势，优化运营和资源分配形式。

1.洞察力的应用

数据探索和挖掘。通过对大规模数据集的探索，发现数据之间的关联性，发现隐藏的规律和趋势。这些洞察力可以帮助企业了解客户行为、市场需求以及竞争对手的策略。

用户行为分析。在电子商务和社交媒体领域，大数据分析可以对用户行为进行深入分析。通过追踪用户的浏览、点击、购买等行为，了解用户的兴趣和偏好，从而提供更个性化的产品和服务。

市场走势预测。大数据分析可以利用历史数据和趋势，预测市场未来的走向。这对企业制定营销策略、生产计划和库存管理具有重要意义，从而帮助企业把握市场机遇，降低市场风险。

2.决策支持的应用

战略决策。大数据分析为高层管理者提供全面的信息支持，帮助他们做出战略决策。通过对市场、竞争对手和内部运营数据的分析，决策者可以了解企业的优势和劣势，制订长期发展计划。

战术决策。在日常运营中，大数据分析可以为中层管理者提供战术决策支持。通过对销售数据、生产数据和供应链数据的分析，帮助管理者优化生产计划、提高生产效率和优化资源分配形式。

操作决策。对于一线员工和业务团队，大数据分析可以提供操作决策支持。通过实时监控数据和分析，快速帮助员工做出决策，解决问题，提高工作效率。

（二）创新和发展

大数据为企业和研究机构提供了深入了解客户需求和行为的机会，从而推动企业创新和改进产品和服务。

1.大数据推动创新

产品创新。大数据分析能够洞察客户需求和市场趋势，为企业提供关键信息，从而帮助企业进行产品创新。通过深入了解客户反馈和行为数据，企业可以优化产品设计，提升客户体验感，推出符合市场需求的新产品。

服务创新，大数据分析可以揭示客户使用产品和服务的行为模式，帮助企业优化服务流程，提高服务效率和质量。例如，基于大数据分析的智能客服系统，可以实时识别用户问题，提供更准确的帮助和解答，提升客户满意度。

商业模式创新。大数据分析可以为企业带来全新的商业模式创新机会。通过挖掘大数据，企业可以发现新的市场机遇和潜在客户群体，从而开辟新的业务领域，实现业务的多元化发展。

2.改进产品和服务

客户定制化。大数据分析可以帮助企业了解不同客户群体的需求和偏好，从而实现定制化的产品和服务。通过对大数据的细致分析，企业可以为不同客户提供个性化的产品和服务，提高客户满意度和忠诚度。

用户体验优化。大数据分析可以帮助企业深入了解用户使用产品和服务的行为，发现潜在问题和瓶颈。通过优化产品和服务，满足用户需求，提高用户体验，增加用户黏性。

效率提升。大数据分析可以帮助企业识别生产和运营中的低效环节，优化流程，提高资源利用率，降低成本，从而为企业带来更好的经济效益。

三、大数据的特点

（一）多源性

大数据来源包括传感器、社交媒体、移动设备、日志文件等。这些数据来源不断增加，使得大数据变得更加多样化和复杂化。

1.数据来源的多样性

大数据的多源性表现在数据来自多种不同的渠道和应用场景。

传感器数据。许多物联网设备配备有传感器，如智能家居的温度传感器、健康设备的心率传感器等，这些设备可以产生大量实时数据。

社交媒体数据。社交媒体平台每天产生海量的数据，包括用户发布的文本、图片、视频等，可以反映社会舆情和用户兴趣。

移动设备数据。智能手机和平板电脑产生的数据，包括位置信息、应用使用记录、通话记录等，构成大数据的重要来源。

日志文件。服务器、网络设备等产生的日志文件记录了系统的运行状态和用户行为，对系统故障诊断和用户行为分析有重要意义。

2.数据类型的多样性

大数据不仅包含结构化数据，还包括非结构化数据。这些不同类型的数据需要采用不同的技术和方法进行处理和分析。

文本数据。社交媒体上的用户评论、新闻文章、电子邮件等都属于文本数据，需要进行自然语言处理和文本挖掘。

图像数据。智能摄像头、卫星图像等产生的图像数据需要进行计算机视觉技术的分析和识别。

音频数据。语音助手产生的音频数据、电话录音等需要进行音频处理和语音识别。

视频数据。视频监控数据、网络视频等需要进行视频分析和内容识别。

3.数据量的巨大性

大数据的一个显著特点是数据量巨大。随着数据来源的不断增加，大数据的规模呈现爆发式增长。例如，智能家居中的传感器每秒都会产生大量数据，社交媒体每天都会产生海量的用户评论和图片上传，这些数据的累积使得大数据的总量成倍增加。

4.数据速度的快速性

大数据的数据速度是其多源性的特点之一。许多数据源产生数据的速度非常快，甚至是实时的。例如，金融交易数据需要在毫秒级别内进行处理和分析，智能家居的传感器数据需要实时传输和响应。因此大数据处理系统需要具备快速处理实时数据的能力。

5. 数据质量的不确定性

由于大数据来自不同的数据源和应用场景，其数据质量可能会受到多方面影响，如数据采集的准确性、数据传输的稳定性、数据存储的完整性等。因此，在大数据分析过程中，需要考虑数据质量的不确定性，并采取相应的数据清洗和校正措施。

（二）多样性

数据的多样性主要分为结构化数据、半结构化数据和非结构化数据。这些不同类型的数据在形式和特征上各异，对数据分析和处理提出了更高的要求。

1. 结构化数据

结构化数据是指具有明确定义数据模式的数据，通常以表格形式存储，其中包含行和列。每一列代表一个属性或字段，每一行代表一个数据记录。结构化数据易于组织和查询，广泛应用于传统的关系型数据库系统中。

在企业和组织中，大量的业务数据以结构化形式存储在数据库中，包括销售记录、客户信息、财务数据等。例如，在零售业中，销售数据通常以表格形式存储在数据库中，包含产品名称、销售日期、销售数量、销售金额等字段，这些数据可用于销售分析、库存管理和客户行为预测。

2. 半结构化数据

半结构化数据是一种介于结构化数据和非结构化数据之间的数据类型，它虽然包含部分结构化的元数据，但并未遵循严格的数据模式。半结构化数据通常以 XML、JSON 或 HTML 等格式存储，具有更灵活的数据组织形式。

在计算机系统和网络中，日志文件通常包含有关系统运行状态、错误信息、用户操作等数据。这些日志数据虽然通常以半结构化的形式记录，包含时间戳、事件描述、错误代码等元数据，但具体的日志内容可能因事件不同而变化。通过对日志数据进行解析和提取，可以帮助系统管理员监测系统健康状态或诊断故障。

3. 非结构化数据

非结构化数据是指没有明确定义数据模式的数据，通常以自由文本或媒体文件形式存在，如文本、图像、音频、视频等。非结构化数据的形式多样，不易于直接处理和分析。

社交媒体平台每天产生大量的非结构化数据，包括用户发布的文本、图片、视频等。例如，在微博或Twitter上，用户可以随意发布短文本消息，这些文本数据可能包含各种话题、情感和主题。对这些非结构化数据进行情感分析和主题挖掘，可以帮助企业了解用户的观点和兴趣，优化产品设计和营销策略。

（三）即时性

大数据需要实时或近实时处理和分析。随着互联网的普及，用户对数据获取和处理的需求越来越迫切，因此即时性成为大数据的重要特征。

1. 大数据即时性的重要性

随着互联网和物联网的发展，大数据的产生速度呈现爆炸式增长。用户对数据获取和处理的需求也日益迫切，需要实时或近实时地获取和分析数据，以及作出相应的决策和反应。大数据的即时性成为其重要的特点之一，对于许多应用场景和行业都具有重要意义。

2. 大数据即时性的特点

实时数据生成。大数据的即时性首先表现在数据的实时生成。许多数据源，如传感器、社交媒体、移动设备等，都会高速产生实时数据。例如，智能城市中的交通监测系统每秒钟都会产生大量车辆行驶数据，社交媒体平台每分钟都会产生海量用户评论和动态。这些数据源的实时性要求大数据分析系统能够及时捕获和处理这些实时数据。

实时数据传输。大数据的即时性还体现在数据的实时传输。随着数据产生的速度越来越快，数据传输和处理的效率成为关键问题。在许多应用场景中，数据需要实时传输到分析系统，以便进行实时监控和预测。例如，金融交易数据需要实时传输到金融机构的交易系统，以便实时监控市场情况和风险。

实时数据处理。大数据的即时性要求数据能够实时处理和分析。传统的批量处理方式已经无法满足用户对实时数据进行分析和查询的需求。现代的大数据处理系统需要具备实时计算和查询的能力。例如，在电商平台上，用户的购物行为需要实时处理和推送相关产品推荐，以提用户高购物体验和促进销售。

（四）不确定性

大数据的多源性和多样性导致数据的不确定性相应增加。在大数据分析过程中，需要处理不完整、不准确和不一致的数据，以获取更可靠的信息。

1. 大数据不完整性的特点

数据采集的不完整性。大数据来自多个不同的来源和渠道，数据的采集过程可能面临各种问题，导致数据的不完整性。例如，在物联网设备中，由于网络故障或传感器故障，部分数据可能无法采集到，造成数据的不完整性。

数据存储的不完整性。在大数据存储和管理过程中，数据可能因为技术限制或成本考虑而未完全存储。例如，在日志文件中，由于存储空间有限，可能只保存了部分重要的日志信息，造成数据的不完整性。

数据更新的不完整性。大数据的数据更新通常是增量式的，即只更新发生变化的数据部分。在数据更新过程中，可能由于某些数据更新失败或延迟，造成数据的不完整性。例如，在社交媒体平台上，用户的动态更新可能因为网络问题而未能及时推送到所有粉丝，造成数据的不完整性。

2 大数据不准确性的特点

数据采集的不准确性。大数据的采集过程可能受到各种干扰和存在误差，导致数据的不准确性。例如，在传感器数据采集过程中，由于传感器精度有限或环境变化，可能导致数据出现误差和偏差。

数据存储的不准确性。在大数据存储和处理过程中，数据可能因为技术限制或错误操作而带来不准确性。例如，在数据传输过程中，可能出现数据丢失或损坏现象，导致数据的不准确性。

数据清洗的不准确性。大数据分析过程中，需要对数据进行清洗和预处理，以去除噪声和异常值。然而，数据清洗过程可能因为算法选择或参数设置不合理，导致数据的不准确性。例如，在文本数据处理中，使用不合适的文本挖掘算法可能导致情感分析结果不准确。

3. 大数据不一致性的特点

数据来源的不一致性。大数据来自多个不同的来源，这些数据来源可能使用不同的数据格式和数据模式，导致数据的不一致性。例如，在企业的不同部门中，可能使用不同的数据库系统和数据标准，导致数据的不一致性。

数据更新的不一致性。由于大数据的数据更新通常是增量式的，即只更新发生变化的数据部分，可能导致数据的不一致性。例如，在金融交易数据更新过程中，由于不同交易所的数据更新时间不同，可能导致数据更新的时间顺序不一致。

数据处理的不一致性。大数据的数据处理涉及多个环节和多个处理节点，这些节点之间可能存在数据交换和数据集成的过程，导致数据的不一致性。例如，在分布式数据处理系统中，由于节点之间的通信延迟或并行计算导致的数据交换不一致，可能导致数据的不一致性。

第二节　大数据在各行业的应用与影响

一、大数据在商业智能领域的应用

通过对大数据的分析，企业可以了解消费者需求、市场趋势和竞争对手动态，从而优化营销策略、改进产品设计，并提高客户满意度。

（一）保护商业数据与隐私安全

在商业智能管理过程中，大数据分析技术涉及一种动态安全机制，通过数据隐私算法和计算卸载技术，减少移动网络中稀缺的带宽消耗。同时，可扩展的商业数据挖掘生成正确的企业经营管理元数据，对于企业数字智能化发展具有重要意义。

1. 云计算与大数据分析保护商业数据与隐私安全

云计算为大数据分析提供了强大的计算能力和存储资源，使企业能够更加有效地处理和分析大数据。通过云计算平台，企业可以将数据存储在安全的云端，而不是存储在本地设备中，从而降低数据泄露和丢失的风险。同时，云计算平台通常配备有严格的安全措施，如数据加密、身份认证和访问控制，保护商业数据和用户隐私的安全。

2.动态安全机制的应用

动态安全机制是一种根据数据特性和风险程度进行动态调整的安全措施。在商业数据提取过程中，可以根据大数据的变化性质和重要性，采取不同的数据隐私算法和安全措施。例如，对于敏感数据，可以使用更加强大的加密算法和访问控制措施，确保数据在传输和存储过程中不被非授权用户访问。

3.移动大数据的安全处理

移动大数据的处理成为一个重要的挑战，因为移动网络中带宽有限，移动设备的计算能力有限。为了减少移动网络中稀缺的带宽消耗，可以采用计算卸载技术，将部分大数据处理任务从移动设备转移到后端服务器上。这样可以减轻移动设备的计算负担，提高数据处理的效率和安全性。

4.商业数据隐私保护的方法

在大数据分析过程中，保护商业数据和用户隐私至关重要。以下是一些常见的商业数据隐私保护方法：

匿名化和脱敏。匿名化是指将个人身份信息替换为匿名标识，使得数据无法关联到具体的个人。脱敏是指对数据中的敏感信息进行删除或替换，以保护敏感信息的安全。匿名化和脱敏，可以在保护数据隐私的同时保留数据的分析价值。

访问控制和权限管理。建立严格的访问控制和权限管理机制，只有授权用户才能访问和处理特定的商业数据。这可以通过身份认证、角色授权和访问日志等措施来实现。另外，还需要定期审查和更新访问权限，以确保数据隐私的安全。

数据加密。数据加密是一种有效的数据保护方法。在数据传输和存储过程中，可以使用加密算法对数据进行加密，确保数据在传输和存储过程中不被窃取或篡改。数据加密可以在保护数据隐私的同时保障数据的完整性和可靠性。

5.商业数据挖掘和元数据分析的意义

商业数据挖掘是指从大量商业数据中发现隐藏的模式和规律，以获得有关市场、用户行为、产品需求等方面的洞察。通过商业数据挖掘，企业可以更好地了解市场趋势和用户需求，优化产品设计和营销策略，提高经营效率和竞争力。

元数据是描述数据的数据，包括数据的来源、结构、含义等信息。通过对元数据的分析，企业可以更好地理解和管理商业数据，提高数据的质量和价值。元数据分析可以帮助企业建立正确的数据模型和数据分析流程，确保数据分析的准确性和可靠性。

（二）助力商业数据系统化规范分析

通过运用大数据分析技术，企业可以科学决策、科学管理，实现资源最优化配置，提升数字智能化水平。

1.精准预测和资源合理配置

大数据分析技术可以通过对海量数据的挖掘和分析，进行精准的预测，帮助企业预测市场趋势、分析用户需求等，从而合理配置资源。例如，在广告预算有限的情况下，企业可以利用线性规划模型和决策理论，根据用户行为分析将预算最优地分配给各种广告媒体，从而使企业效益最大化。

2. 异构大数据分析技术和框架的开发

异构大数据分析技术和框架的开发，使得企业可以更全面地利用各类数据，包括结构化数据、半结构化数据和非结构化数据，从而更好地了解业务运营情况和市场动态，驱动企业的高质量发展。例如，运用异构大数据分析技术，企业可以对移动大数据进行清洗和聚合，快速把握市场需求和变化。

3. 商业智能管理过程中的不同分析层次的应用

大数据分析技术在商业智能管理过程中涵盖了描述性、预测性、诊断性和说明性分析的不同层次。通过这些不同层次的分析组合，可以生成新的独特而有价值的信息，改变企业业务范围，并解释为什么会出现这样的结果。这种综合分析可以帮助企业及时革新经营管理模式，适应市场的变化和竞争的挑战。

（三）驱动精准高效的商业决策

大数据分析技术能够提高商业数据融合水平，以便企业进行有效的数据分析，驱动企业精准高效地进行决策。数据融合方法是指对异构或同质数据进行集成，以提高大数据分析算法的可靠性、鲁棒性和通用性。此外，为了降低大数据生成过程中常见的不确定性和间接捕获的影响，大数据融合方法还需要进一步运用云计算和 IoT 物联网技术，获得可靠的方法来组合异构数据，并识别单个商业数据模式对大数据和企业业务分析的重要性，从而实现企业经营管理决策中数据泛化和多样性的改进融合。

1. 大数据分析技术在数据融合中的作用

数据融合的定义和意义。数据融合是对异构或同质数据进行集成的过程，目的是提高数据分析的可靠性、鲁棒性和通用性。通过将不同来源、不同类型的数据融合在一起，可以消除数据的冗余和噪声，从而提供更准确、全面的数据资源，为商业决策提供更有价值的信息。

大数据分析技术在数据融合中的应用。大数据分析技术在数据融合中发挥着重要作用。通过大数据分析技术，可以从海量数据中挖掘出有用的信息，并将不同类型的数据进行整合和关联。例如，利用机器学习算法可以对数据进行分类和聚类，从而将相似的数据进行融合，提高数据分析的效率和准确性。

2. 实现云计算和 IoT 物联网技术

为了减少在大数据生成过程中常见的不确定性和间接捕获的影响，进一步运用云计算和 IoT 物联网技术是至关重要的。云计算技术可以提供强大的计算和存储能力，帮助企业更好地处理和分析大数据；IoT 物联网技术则可以实现设备之间的数据交互和共享，从而帮助企业获取更全面和多样化的数据资源。

3. 识别商业数据模式和改进融合

在数据融合过程中，需要识别单个商业数据模式对大数据和企业业务分析的重要性。

通过分析不同数据的模式和关系，可以更好地理解数据之间的关系，从而更精准地进行数据融合。另外，企业还需要不断改进数据融合的方法和技术，以适应不断变化的商业环境和数据特点。

4. 数据泛化和多样性的改进融合

在进行数据融合时，需要注意数据泛化和多样性的改进。数据泛化是指对数据进行抽象和概括，以保护数据隐私和安全。多样性是指将不同来源、不同类型的数据进行合理组合，以获取更全面的信息。通过改进数据泛化和多样性的融合方法，可以使数据融合过程更加灵活和高效。

通过将不同来源、不同类型的数据进行整合和关联，可以提高数据分析的准确性和效率，从而驱动企业实施精准高效的商业决策。在实现数据融合过程中，需要充分发挥大数据分析技术的作用，同时运用云计算和 IoT 物联网技术，识别商业数据模式和改进融合，改进数据泛化和多样性的融合方法，以实现数据的最大价值和应用。

二、大数据在金融服务领域的应用

通过分析海量的交易数据和客户信息，金融机构可以识别潜在的风险和机会，改进风险管理和投资决策。

（一）金融风险管理

金融机构处理着大量的交易数据、市场数据和客户信息，这些数据包含着很多风险信息。通过对这些海量数据进行分析和挖掘，金融机构可以更准确地识别潜在的风险，并及时采取相应措施进行风险防范。例如，在股票市场中，大数据分析可以帮助金融机构及时发现异常交易行为，识别操纵市场和欺诈行为，维护投资者利益和市场稳定。

1. 交易数据分析

金融机构通过分析大量的交易数据，可以识别交易中存在的风险因素。例如，通过监测股票市场中的交易数据，金融机构可以发现异常交易行为，如大额交易、高频交易等，这些交易可能暗示着操纵市场的行为或潜在的欺诈活动。通过大数据分析，金融机构可以及时察觉这些异常交易，并采取相应措施进行风险防范。

2. 市场数据分析

金融市场会受到各种因素的影响，包括政治、经济、社会等多方面因素。通过对市场数据进行分析，金融机构可以预测市场的波动和趋势，从而更好地进行风险管理。例如，通过大数据分析，金融机构可以发现某些事件或政策对市场的影响，进而及时调整投资组合，降低市场风险。

3. 客户信息分析

金融机构拥有大量客户的个人信息和交易记录。通过对客户信息进行分析，金融机构可以了解客户的信用状况、偏好和风险承受能力。例如，通过大数据分析，银行可以评估客户的信用风险，判断客户是否有还款能力，从而决定是否发放贷款或提高贷款利率，以降低不良资产的风险。

通过对交易数据、市场数据和客户信息的深入分析，金融机构可以更准确地识别潜在的风险，并及时采取相应措施进行风险防范。这样可以提高金融机构的风险管理水平，保护投资者利益，维护市场的稳定和健康发展。

（二）个性化金融服务

通过对客户的交易记录、消费习惯、社交媒体活动等数据进行分析，金融机构可以更好地了解客户的需求和偏好，提供更符合客户个性化需求的金融产品和服务。例如，通过大数据分析，银行可以根据客户的信用记录和消费行为，为客户量身定制信用卡额度和利率，提高客户满意度和忠诚度。

1.个性化信用评估

通过大数据分析客户的信用记录和消费行为，金融机构可以更准确地评估客户的信用风险。根据客户的还款历史、借贷记录、债务负担等数据，银行可以为客户量身定制信用评估模型，确定适合客户的信用额度和利率。这样可以确保信用卡的风险控制在可控范围内，同时提高客户对银行的信任和忠诚度。

2.个性化产品推荐

通过分析客户的交易记录和消费习惯，金融机构可以向客户推荐更适合其需求的金融产品。例如，通过大数据分析客户的购物和消费习惯，银行可以向客户推荐符合其生活方式和喜好的信用卡、理财产品或投资产品。这样一来，客户会更加满意其所获得的个性化服务，提高客户的忠诚度和满意度。

3.个性化营销和优惠

通过分析客户的社交媒体活动和兴趣偏好，金融机构可以制定个性化的营销策略或开展优惠活动，吸引客户更多地使用其金融产品和服务。例如，银行可以根据客户在社交媒体上的喜好和兴趣，为其提供定制化的推广活动，如特定品牌的折扣、旅游优惠等。这样可以增加客户的黏性，提高客户的参与度和忠诚度。

4.个性化服务体验

通过大数据分析客户的交易行为和服务偏好，金融机构可以提供更个性化的服务体验。例如，在客户拨打客服电话时，通过大数据分析客户的历史交易记录和服务需求，客服人员可以更准确地了解客户的问题和需求，提供更加个性化的解决方案和服务。这样可以提高客户对金融机构的满意度和信任度。

（三）欺诈检测

金融欺诈是一个严重的问题，涉及信用卡盗刷、虚假交易等。通过对大量的交易数据进行实时监测和分析，金融机构可以识别出可疑的交易模式和行为，及时发现并阻止欺诈行为。例如，银行可以通过大数据分析建立欺诈检测模型，自动识别出异常交易行为，减少金融欺诈风险。

1. 实时交易监测

金融机构利用大数据分析技术对交易数据进行实时监测，以及时捕捉可疑的交易行为。通过建立欺诈检测模型，金融机构可以识别出异常的交易模式。例如，频繁的异地交易、超出客户常规消费习惯的大额交易等。这些异常交易行为可能暗示着潜在的欺诈行为，金融机构可以立即采取措施进行核实和阻止。

2. 数据挖掘和模式识别

金融机构利用大数据挖掘技术，对大量的交易数据进行深入分析，以发现隐藏在数据中的模式和规律。例如，通过对历史欺诈交易数据进行挖掘，金融机构可以识别出特定的交易模式和特征，从而构建欺诈检测模型。这些模型可以自动识别出类似的欺诈交易行为，帮助金融机构快速发现并阻止新的欺诈行为。

3. 机器学习和人工智能

金融机构利用机器学习和人工智能技术，让系统能够不断学习和优化欺诈检测模型。随着时间的推移，模型可以根据新的交易数据和欺诈行为的不断更新，提高识别欺诈交易的准确性和效率。例如，通过监控欺诈交易数据的实时更新，系统可以快速识别不断变化的欺诈手段，有效防止发生欺诈风险行为。

4. 实时反欺诈决策

通过大数据分析，金融机构可以实现实时反欺诈决策。当系统识别出可疑的交易行为时，可以自动触发风险控制措施，如暂停交易、通知客户确认等，以防止欺诈行为继续实施。这样可以降低金融机构和客户的损失，并维护金融市场的稳定和信誉。

（四）投资决策

金融机构需要根据市场和行业的动态进行投资决策，而大数据分析可以帮助其对市场趋势和行业发展进行预测和分析。例如，对于私募股权投资公司，通过大数据分析可以对不同行业的潜力进行评估，选择更具潜力的项目进行投资，提高投资成功率和回报率。

1. 市场走势预测

通过大数据分析，金融机构可以对市场的趋势进行预测和分析。通过收集和分析大量的市场数据、经济指标和行业报告，金融机构可以了解市场的发展方向和潜在机会。例如，通过分析股市的历史交易数据和市场走向指标，投资公司可以预测股票市场的涨跌趋势，从而指导客户投资决策。

2. 行业发展分析

大数据分析可以帮助金融机构对不同行业的发展进行深入分析。通过收集和整理大量的行业数据和市场报告，金融机构可以了解各个行业的增长潜力、竞争格局和未来发展趋势。例如，私募股权投资公司可以通过大数据分析了解不同行业的市场需求、技术创新和政策支持情况，从而选择更具潜力的项目进行投资。

3. 风险评估与管理

大数据分析可以帮助金融机构对投资项目进行风险评估与管理。通过对财务数据、经营状况和行业风险进行分析，投资公司可以评估投资项目的风险水平，并制定相应的风险控制措施。例如，通过分析企业的财务报表和经营数据，投资公司可以了解企业的偿债能力、盈利能力和经营风险，从而判断投资项目的潜在风险。

4. 数据驱动的投资决策

大数据分析可以帮助金融机构实施数据驱动的投资决策。通过建立投资决策模型，金融机构可以将大数据分析的结果纳入投资决策流程，从而提高决策的科学性和准确性。例如，私募股权投资公司可以建立投资决策模型，将市场趋势、行业发展和风险评估等因素纳入考虑，帮助决策者做出更明智的投资决策。

（五）客户信用评估

通过对客户的交易记录、信用历史和社交媒体活动等数据进行分析，金融机构可以建立更全面和准确的客户信用评估模型，帮助其更好地把握风险，避免坏账损失。

1. 数据多维度评估

通过大数据分析技术，金融机构可以从多个维度收集客户数据，包括交易记录、信用历史、社交媒体活动、消费习惯、就业情况等。这些数据维度提供了更全面、详细的客户信息，使得信用评估更加准确和全面。

2. 个性化信用评估

大数据分析允许金融机构根据每位客户的个性化数据建立信用评估模型。相比传统的静态信用评分，个性化信用评估更能准确反映客户的实际信用状况。例如，对于年轻人群体，可以结合社交媒体活动和移动支付记录来评估其信用；对于企业客户，则可以基于其财务数据和市场声誉进行信用评估。

3. 实时评估

大数据分析使金融机构能够实时监测客户的交易和行为，从而实现实时信用评估。这种实时评估能够帮助机构及时捕捉客户信用状况的变化，对于潜在的风险客户或欺诈行为做出及时警示和处理。

4. 风险预警

通过大数据分析，金融机构可以建立风险预警系统，用于监测潜在的风险客户。一旦发现客户信用状况有异常，系统就会自动发出预警，提醒机构注意可能的风险，从而及时采取相应措施降低损失。

三、大数据在医疗健康领域的应用

通过分析医学图像、患者记录和基因组数据，医疗机构可以提供个性化的治疗方案和精准医学服务。

（一）大数据推动医疗健康产业发展

1. 技术支持医疗健康产业发展

近年来，随着边缘计算、大数据、感知网、移动互联网、人工智能等新兴技术不断兴起和日渐成熟，加速了传统医疗健康管理行业与新兴信息技术的融合，促进了传统医疗健康管理行业的发展，甚至孕育出许多新的行业、新的技术发展趋势。其中以健康医疗大数据为代表的医疗健康管理新的产业发展形态，不断地展开新的想象力，促进大数据技术与传统医疗健康行业的深度融合，加速行业的不断实现迭代和演进，推进基于医疗健康大数据技术的精准治疗、"治未病"技术、健康管理、基因靶向治疗等新型医疗健康形态的发展。

目前，医疗健康大数据的应用场景主要包括临床诊断辅助决策支持、健康及慢性病管理、医疗健康支付和定价管理、药品研发管理、医疗保险管理等诸多方面，成为促进医疗健康产业发展的有力技术支持。医疗健康大数据的潜在价值巨大，数据技术在医疗健康领域的应用不仅有助于提高医疗服务质量，减少宝贵医疗健康资源的浪费，还能够通过对人们无所不在的健康行为进行监控，以增强人们的健康管理意识，优化医疗保健资源的配置效率、控制各种骗保行为、改善自我健康管理等多方面的管理功效，实现产业的精细化发展。

2.国家政策助推医疗健康大数据产业发展

2015年8月国务院发布《促进大数据发展行动纲要》指出，发展医疗健康服务大数据，构建综合健康服务应用的医疗健康大数据发展方向。2016年6月，国务院发布第一个医疗健康大数据行业的正式文件《关于促进和规范健康医疗大数据应用发展的指导意见》提出，到2020年建成100个区域临床医学数据示范中心，健康医疗大数据应用发展模式基本建立，产业体系初步形成、新业态蓬勃发展的发展目标。

根据党的十八届五中全会的战略部署，国家于2016年10月印发并实施《"健康中国2030"规划纲要》，为推进健康中国建设、加快医疗健康大数据建设起到了重要的引领作用，其中，"普及健康生活、优化健康服务、完善健康保障、建设健康环境"等是健康中国未来发展的目标。从实施的角度来看，这些目标的达成都离不开医疗健康大数据技术的有效支持。

（二）医疗健康大数据特点

1.医疗健康大数据的业务特征

医疗健康大数据是大数据在医疗健康领域的重要应用，是指在与人类健康相关的管理活动中所产生的与生命健康和医疗有关的数据。医疗健康大数据除了具备一般大数据如规模大、结构多样、增长快速、价值大等方面的特性，还具备独有的特性。作为医疗健康大数据的业务特征来说，多模态、时序性是其主要的业务特征。

医疗健康大数据具有多模态性。医疗数据包含有像生化化验数据，类似心率和心电监控的信号图谱等图像数据，以及医生根据自己的经验或者数据结果做出的判断文本信息。另外，还有像心跳声、咳嗽声、呼吸声等声音信息都可以成为判断一个人身体健康状况的重要依据。同时各脉搏数据、饮食起居数据、睡眠数据等都能够在不同程度上反映出个体的健康状况。这些领域是人工智能能够施展作用的重要领域。

医疗健康大数据具有较强的时序性特征。时序性是由人的生理和生物特性所决定的，包括人的健康数据的收集和分析，具有很强的时序性特征。对医疗健康大数据来说，很多病症只有基于较长跨度的时序性数据分析才能够找到病症的根源。同时，医学检验波形等都是时间函数，具有时序性的特征。

2.医疗健康大数据的技术特征

从技术的角度来看，医疗健康大数据技术具有数据不完整、不确定等方面的特征。由于医疗健康数据反映出来的是人体的生理性、生物性的数据，因此生理特征的波动性、跳跃性会通过数据的不完整性、不确定性等医疗健康大数据的技术形态表现出来。

一方面，目前的技术还无法全部收集、处理全面反映一个人健康或疾病方面的完整信息，或者是收集到的数据不完整、不准确等；另一方面，环境因素的变化，医生的情绪特点，患者的表达能力，区域性或职业性的偏见等都可能导致数据不完整，数据存在偏差和残缺，导致一个人的医疗健康数据不能够完整地反映出该人的健康状况。

医疗健康大数据还具有隐私性和敏感性特征，这也是现在大部分医疗数据对外开放较难、共享不易的一个主要原因。这不仅体现在目前很多医院的传统临床数据系统，出于安全的考虑都建立在各自封闭的局域网基础之上，不能够实现共享。这种由于医疗健康数据不能够实现科学、合理地共享，会极大地造成医疗资源浪费的问题。

（三）医疗健康大数据的未来发展

1.物联网技术促进医疗健康大数据的迅速普及

未来医疗健康大数据可以通过装有各种传感器的穿戴设备、远程诊疗、健康监测，以及利用区块链技术实现医疗信息共享等信息技术，使得社会的医疗资源能够在更大范围内实现有效利用。借助数据的作用，医疗监控管理将出现精准化、标准化和专业化发展的格局。通过精准、实时的大数据检测设备、个性化的治疗和康养来实现对个体人全生命周期健康的照顾和健康管理。实现真正的个性化治疗和个体化的健康管理。目前医疗健康大数据的价值更集中地体现在基因靶向药物的研发方面。人工智能等新技术将为大健康产业带来变革，而其最终落脚点应该是个性化药物的研制方面。人工智能等新兴技术通过基因靶向疗法，为每个人的每一种健康状况有针对性地开发出相应的药物，实现个性化的治疗。

2.医疗健康大数据在制药领域应用

医疗健康大数据的应用尽管在各个领域都有体现，但是大数据技术在基因制药领域的应用较为明显。基因药物具有很高的选择性，一种基因药物并不是适用所有人。通过定制化设计，研究人员可以靶向与患者病情紧密相关的基因段，这就涉及非常大量的数据分析，以准确找到该基因。在大数据技术指导下，可以实现精准诊疗和分类治疗。根据基因组大数据分析，可以实现针对个体的基因靶向治疗，并以基因分析为基础，以靶向用药为技术手段，实现个性化的精准治疗。借助大数据技术，相关医疗机构可以利用大数据技术为特定的个人提供精准诊断和相关的健康服务。

四、大数据在城市规划中的应用

通过分析城市交通流量、人口迁移、环境污染、城市风貌与景观规划等数据，城市规划者可以制订更有效的交通管理和资源分配方案，提升居民生活质量。

（一）城市交通规划

1. 交通流量分析

交通拥堵识别。通过大数据分析城市交通流量数据，规划者可以实时监测交通拥堵情况。利用交通传感器、智能交通系统和移动应用数据等信息，可以准确地识别交通拥堵区域、交通瓶颈和高峰时段，帮助规划者了解交通流量分布的变化。

交通拥堵原因分析。大数据分析可以帮助规划者深入了解交通拥堵的原因。通过分析车辆密度、车速、道路容量等数据，规划者可以找出造成交通拥堵的主要因素，如道路设计不合理、信号灯设置不当、交通事故等，并据此提出相应的改进方案。

交通信号优化。基于大数据分析的交通流量数据，规划者可以优化交通信号灯控制系统。通过实时调整信号灯的配置和优先级，使交通信号更加智能化，以提高交通流畅度和效率，减少交通拥堵。

公共交通规划。大数据分析可以帮助规划者优化公共交通线路规划。通过分析人流量、交通需求等数据，规划者可以确定公共交通线路的优化方向和覆盖范围，提高公共交通的便捷性和覆盖率，吸引更多市民使用公共交通，减少私家车使用，缓解交通压力。

2. 交通网络优化

交通节点识别。利用大数据分析交通网络数据，可以识别城市交通的重要节点和枢纽。这些节点通常是交通流量集中、交通换乘密集的地区，规划者可以针对这些节点进行重点规划和优化，提高交通效率。

交通流动模式分析。通过大数据分析交通流量数据，规划者可以了解交通流动的模式和趋势。例如，通过分析出行路径和交通出行方式，规划者可以预测人们未来的交通需求，以便更好地规划交通网络和交通设施。

道路拓宽规划。基于交通网络数据分析，规划者可以确定道路拓宽的需求。对交通拥堵严重的道路，规划者可以提出道路拓宽规划建议，增加道路的通行能力，改善交通状况。

交通枢纽建设。通过大数据分析交通流量和换乘数据，规划者可以确定交通枢纽的位置和规模。交通枢纽通常是交通换乘和集散的重要地点，规划者可以合理规划交通枢纽的建设，提高交通换乘效率。

通过交通流量分析和交通网络优化，规划者可以更好地了解城市交通状况，制订更有效的交通管理和资源分配方案，提高城市交通的流畅度和效率，从而改善城市居民的出行体验和生活质量。

（二）人口迁移和城市扩展

1. 人口流动模式分析

城市人口迁入与迁出趋势分析。通过大数据分析城市人口迁移数据，可以了解城市的人口迁入与迁出趋势。规划者可以识别人口流入较多的区域，了解吸引人口迁入的因素，如就业机会、教育资源等，从而优化这些区域的城市设施和服务，提升城市的吸引力。

人口流动原因分析。大数据分析可以揭示人口流动的主要原因，如就业、教育、生活条件等。通过了解人口流动的原因，城市规划者可以有针对性地推动城市产业结构调整，提供更好的社会公共服务，满足人口的多样化需求。

人口迁移路径和趋势预测。大数据分析可以帮助规划者预测未来人口迁移路径和趋势。通过对历史数据的分析和预测模型的建立，规划者可以预测哪些地区可能会吸引更多的人口迁入，从而及时做出相应的城市发展规划。

人口流动与交通规划的结合。将人口流动数据与交通规划数据相结合，可以帮助规划者更好地优化城市交通规划。例如，在人口流动较为密集的区域，规划者可以建设更多的公共交通线路和便捷的交通枢纽，提高交通服务质量。

2.城市扩展规划

空间规划与土地利用。基于人口迁移和城市发展趋势的分析，城市规划者可以进行合理的空间规划和土地利用规划。规划者可以确定适合城市扩展的区域，并制定相应的土地用途规划，确保城市的可持续发展。

新住宅区规划。随着人口的增加，城市需要规划新的住宅区来满足居民的居住需求。大数据分析可以帮助规划者确定新住宅区的位置、规模和配套设施，以提供更舒适和便利的居住环境。

商业区和工业区规划。城市扩展涉及商业和工业区的规划。通过大数据分析市场需求和产业发展趋势，规划者可以确定新的商业和工业区的位置和规模，促进城市经济的繁荣和发展。

城市基础设施规划。城市扩展需要相应的基础设施建设，如道路、桥梁、供水、供电等。大数据分析可以帮助规划者确定哪些区域需要加强基础设施建设，以支撑城市扩展和发展。

通过人口流动模式分析，规划者可以了解人口迁移趋势和原因，优化城市设施和服务。基于人口迁移和城市发展趋势的分析，城市规划者可以制定合理的城市扩展规划，包括新住宅区、商业区和工业区的规划，以及相应的基础设施建设规划，从而实现城市的可持续发展和提升居民生活质量。

（三）环境保护和资源分配

1.环境污染监测

空气质量监测。大数据分析城市空气质量数据可以实时监测城市的空气污染状况，包括 $PM_{2.5}$、PM_{10}、NO_2、SO_2 等污染物的浓度。规划者可以通过分析这些数据，了解哪些地区存在较为严重的空气污染问题，以制定相应的减排措施，如限行措施、工业企业搬迁等，改善城市空气质量。

水质监测。大数据分析城市水质数据可以监测城市水体的污染程度，包括河流、湖泊、地下水等。规划者可以通过这些数据了解城市水资源的污染情况，采取相应的保护措施，如建设污水处理厂、严格控制工业废水排放等，保护城市水资源的可持续利用。

噪声污染监测。大数据分析城市噪声数据可以监测城市噪声污染状况，了解噪声污染的主要来源和影响范围。规划者可以通过这些数据制订噪声治理措施，如设置隔声设施、限制噪声源的使用时间等，保障城市居民的生活环境。

土壤污染监测。大数据分析城市土壤数据可以监测城市土壤的污染程度，了解土壤中重金属等有害物质的含量。规划者可以通过这些数据采取相应的土壤修复措施，保障城市土壤的安全和健康。

2.资源利用优化

能源利用优化。大数据分析可以帮助规划者了解城市能源消耗情况，包括电力、燃气等能源的使用量和分布。通过优化能源利用方案，规划者可以推广清洁能源的使用，减少化石能源的消耗，实现能源的高效利用和减排。

水资源利用优化。大数据分析可以帮助规划者了解城市水资源的供需情况，包括用水量和水资源分布。通过优化水资源利用方案，规划者可以推行节水措施，如智能用水系统、雨水收集利用等，实现水资源的节约和可持续利用。

废弃物资源回收。大数据分析可以帮助规划者了解城市废弃物产生和处理情况，包括垃圾、废旧电子产品等。通过推动废弃物资源的回收利用，规划者可以减少废弃物对环境的污染，推动资源的循环利用。

交通资源优化。大数据分析可以帮助规划者了解城市交通拥堵状况和交通资源分布，包括公交车站点、地铁线路等。通过优化交通资源配置，规划者可以提高交通系统的运行效率，减少交通拥堵，提升城市的出行体验。

通过分析城市环境污染数据，规划者可以及时监测环境污染状况，制定相应的环境保护措施，改善城市环境质量。同时，大数据分析可以帮助规划者了解城市资源的利用情况，优化资源利用方案，实现资源的可持续利用和减排，推动城市的可持续发展。

（四）城市风貌与景观规划

1.景观评估与设计

绿地覆盖评估。通过大数据分析城市的卫星影像数据和地理信息数据，可以对城市的绿地覆盖率进行评估和监测。规划者可以根据评估结果，制订合理的绿地分布方案，增加城市的绿化面积，改善城市生态环境，提供更多的休闲和娱乐场所，提高居民的生活质量。

建筑高度分布分析。通过大数据分析城市的建筑信息和地理数据，可以了解城市的建筑高度分布情况。规划者可以根据分析结果，设计合理的建筑高度规划，避免高层建筑密集区域对周边环境的阻挡和影响，保护城市的整体风貌和开阔视野。

景观设计优化。通过大数据分析城市的交通流量、人流分布等数据，可以了解城市的繁华区域和重要节点。规划者可以根据这些数据，设计更具吸引力的城市景观，如公共艺术品的布置、灯光装饰等，增加城市的文化氛围和品位。

景观规划可视化。通过大数据分析城市的三维模型和空间数据，可以进行景观规划的可视化展示。规划者可以利用虚拟现实技术，让居民更直观地感受到未来城市的风貌和景观，提高规划方案的沟通和接受度。

2.历史文化保护

历史建筑保护。通过大数据分析城市的历史建筑数据，可以了解历史建筑的分布和状态。规划者可以根据分析结果，采取相应的保护措施，如修缮、保护性开发等，保留城市的历史建筑，传承历史文化。

文化遗产保护。通过大数据分析城市的文化遗产数据，可以了解文化遗产的价值和潜在威胁。规划者可以制定相应的保护规划，包括保护区划定、文物修缮、传统手工艺保护等，保护城市的文化遗产，传承历史文明。

文化活动策划。通过大数据分析城市的文化活动数据和人群兴趣爱好等信息，可以了解城市文化需求和文化活动的受欢迎程度。规划者可以根据这些数据，策划更有针对性的文化活动，增加城市的文化吸引力和影响力。

历史文化教育。通过大数据分析城市的历史文化教育数据，可以了解历史文化教育的普及情况和效果。规划者可以根据分析结果，制订更有效的历史文化教育计划，提高居民对历史文化的认知和关注度。

大数据在城市规划中的景观评估与设计以及历史文化保护方面发挥着重要作用。通过分析城市的地理、气象、建筑等大数据，规划者可以评估城市景观和绿地覆盖情况，设计更美观宜人的城市。

通过以上几个方面的大数据应用，城市规划者可以更科学、更有效地制订城市规划方案，实现城市的可持续发展，提升居民生活质量。

第三节　智能技术在财务管理中的发展和应用

随着信息技术的飞速发展和智能化技术的日益成熟，智能技术在财务管理中的应用得到了快速的发展。智能技术，如人工智能、大数据分析、机器学习等，为财务管理带来了许多创新和改进，提高了财务决策的精确性和效率。

一、人工智能在财务管理中的应用

由于科学技术的飞速发展，导致了市场经济竞争变得愈发激烈。如果企业想要在竞争中脱颖而出并处于领先位置，就离不开企业的专业化财务管理。人工智能的辅助很大程度改变了传统的财务管理模式，在成本方面节省了人力、物力及财力，在工作效率方面得到大幅度的提高。因此，探索将财务管理与人工智能完美结合的具体方法，成为多数企业内部管理的目标。

（一）将人工智能技术结合到财务管理中的优势及作用

1.提高财务信息处理的质量

在过去，财务信息处理主要依赖人工劳动力，这往往导致了繁重的手工操作和高风险的人为错误。随着人工智能技术的应用，财务信息处理方法得到了质的飞跃。人工智能系统可以自动化地提取、整理和分析大量的财务数据，大大减少了人为错误的可能性。同时，人工智能可以进行智能校验和预警，及时发现潜在问题，提高了财务数据的准确性和可信度。

2. 优化处理财务信息效率

人工智能的高效计算和自动化处理能力使得财务信息处理的效率大幅提升。相比传统的手工处理方式，人工智能可以在短时间内处理大量财务数据，极大地减轻了财务管理人员的工作负担。这使得财务人员能够将更多精力投入分析和决策上，提高工作效率和工作质量。同时，优化后的财务信息处理流程减少了处理时间和成本，为企业节约了宝贵的资源。

3. 提高风险预警能力

财务管理中涉及风险的预测和管理是至关重要的。人工智能技术可以通过大数据分析和机器学习算法，对企业的财务数据和市场数据进行实时监测和预测，从而及时识别潜在的风险。例如，人工智能可以预测市场波动、货币汇率波动等因素，帮助企业采取相应的风险防范措施。另外，智能系统还可以通过智能算法检测异常交易行为和欺诈行为，保护企业的财务安全。这些风险预警能力使企业管理者能够更加及时地做出决策，降低企业经营风险。

（二）人工智能技术在财务管理中的具体应用

1. 会计账务处理的应用

人工智能技术在会计账务处理方面的应用为财务管理带来了巨大的变化。传统的会计处理方式往往依赖人工手动输入和处理，容易出现错误和耗费大量时间。引入人工智能技术后，可以实现自动化的会计处理流程。例如，通过OCR（光学字符识别）技术，人工智能可以自动识别并提取财务凭证中的信息，减少了手工输入的工作量和错误率。智能算法可以自动归类和审核财务数据，快速生成会计凭证和报表。这样的自动化处理提高了财务信息处理的效率和准确性，使得财务人员能够更专注于财务分析和决策。

2. 财务专家系统的应用

财务专家系统是一种结合了人工智能和大数据技术的智能系统，其在财务管理中的应用效果显著。这样的系统能够通过大数据分析和演算，将复杂的财务问题分解成多个小问题，并快速准确地提供解决方案。在日常工作中，财务专家系统为财务和会计领域的决策提供了宝贵的支持。系统可以分析财务数据，发现潜在的问题和异常情况，帮助财务人员快速定位和解决财务难题。此外，财务专家系统还能够学习和积累经验，通过建立定向模型和记录解决方案，提供更多财务人员的参考和学习材料。具体的应用场景包括：

（1）报税软件小助手

在企业报税过程中，往往涉及复杂的税法政策和申报流程。人工智能可以提供报税软件小助手，通过输入关键字进行咨询，系统能够快速提供相关的指引和解决方案，辅助财务人员完成报税工作，降低报税错误的风险，确保合规性。

（2）智能财务月结系统

人工智能可以将企业的 ERP 账务信息提取到智能财务月结系统中，通过设定规则和智能算法，系统可以智能判断月结中可能存在的问题点并进行提示。这有助于财务人员更准确地对焦月结过程，提高会计信息报送的质量和准确性。

3.财务报销系统的应用

人工智能技术在企业管理中的应用领域最广泛的是财务报销系统，多数员工反馈企业报销系统复杂、出错率高、流程审批节点多、时效慢、占用员工主要工作时间等。因此引用人工智能系统和机器人辅助指导员工报销，更加智能化。该类应用将纸质或者影音图像化的数据转换成计算机能够计算的结构化数据。

（1）智能识票的功能

在传统的报销流程中，财务人员需要手动核对票面信息，并到税务局网站进行验票，耗费大量时间和人力资源。通过应用人工智能的数据识别技术，可以实现智能识票功能。通过光学字符识别（OCR）技术，系统能够自动识别纸质发票或电子发票的信息，完成自动化的录入和审核工作。此外，智能系统还可以连接税务系统，自动完成发票信息的提取、发票验真、单据签收和智能审核等流程。智能识票功能不仅能够大幅缩短审核时间，还可以极大地降低错误率，提高报销流程的效率和准确性。

（2）语音识别的功能

语音识别技术是人工智能在报销系统中的一大创新。传统的操作方式需要员工通过鼠标和键盘输入指令，在使用新的财务信息系统时，员工还需学习新系统的操作方法。引入人工智能的语音识别技术后，报销人员可以通过语音对话的方式录入指令，完成原始凭证录入、数据查询等操作，省去了学习新系统操作的时间。特别是随着财务信息系统扩展到手机移动端，员工可以通过手机语音识别功能异地提单报销，大大增加了用户使用的便捷性。人工智能的语言交互性强大，能够提取语音中的关键信息，并自动进行分类和存储，使报销过程更加高效。

人工智能技术是一项具有时代影响的发明，大大推动了人们信息化发展的进程。另外，科技水平的进步也在影响着人工智能不断改善及优化，应用于财务管理方面的技术同样在不断完善中。种类越来越多的新兴技术正慢慢融入进财务管理之中，彰显其独有的价值。当前的任务就是让更多财务人员了解、学习并能够熟练运用到工作中，进而降低人力成本，将广大财务人员从枯燥单一的工作中解放出来，以优化之后的工作模式为基础，进而实现提升业务运营的标准，提高企业的稳步发展效率。

二、大数据分析在财务管理中的应用

随着信息技术的快速发展和大数据时代的到来，大数据分析在各个领域都扮演着越来越重要的角色，财务管理领域也不例外。大数据分析技术能够处理和分析大量的结构化和非结构化数据，从中挖掘出有价值的信息，为企业管理者的决策提供科学依据。

（一）财务数据分析

1.财务数据清洗与整合

大数据分析首先需要对海量的财务数据进行清洗和整合，将来自不同系统和部门的数据进行合并，消除冗余和错误。通过数据清洗和整合，财务人员可以获得更准确、全面的财务数据，为管理者后续的分析提供可靠的基础。

2.财务指标分析

大数据分析可以帮助企业对财务指标进行深入分析，包括利润率、资产负债率、现金流量等指标。通过对这些指标的分析，企业管理者可以了解自身的财务状况和经营状况，及时发现潜在的问题并采取措施加以改进。

3.财务报表分析

大数据分析可以对企业的财务报表进行全面细致分析，包括利润表、资产负债表、现金流量表等。通过对财务报表的分析，企业管理者可以发现业务增长的趋势、成本的变化以及盈利的来源，为企业的战略决策提供重要参考。

（二）风险管理

1.信用风险评估

在财务管理中，信用风险是一项重要的考量因素。大数据分析可以帮助企业对客户的信用风险进行评估，通过分析客户的历史交易数据、信用记录、社交媒体信息等，预测客户的信用状况，从而避免潜在的坏账风险。

2.市场风险分析

大数据分析可以帮助企业对市场风险进行实时监测和分析，包括汇率波动、原材料价格变动等。通过对市场风险的分析，企业管理者可以及时调整经营策略，降低市场风险对企业经营的影响。

3.预防欺诈行为

大数据分析可以帮助企业发现潜在的欺诈行为，包括内部员工的舞弊行为和外部供应商的欺诈行为。通过分析大量的交易数据和行为模式，大数据分析可以识别异常交易和潜在的欺诈行为，帮助企业保护财务安全。

（三）预测与决策支持

1.预测销售和需求

大数据分析可以帮助企业预测销售和需求趋势，通过对历史销售数据、市场数据和客户行为的分析，预测未来的销售量和产品需求，从而帮助企业管理者做出更准确的生产计划和库存管理决策。

2.财务预测和预算规划

大数据分析可以帮助企业进行财务预测和预算规划，通过对历史财务数据和市场数据的分析，预测未来的财务状况和业务增长趋势，为企业管理者的预算制定和资金管理提供指导。

3. 智能投资决策

大数据分析可以帮助企业做出智能投资决策，通过对市场数据和企业财务数据的分析，预测不同投资项目的潜在收益和风险，为企业的投资决策提供科学依据。大数据分析可以帮助企业管理者识别有潜力的投资机会，降低投资风险，提高投资收益。

4. 风险投资评估

对风险投资行业而言，风险评估是至关重要的一环。大数据分析可以帮助风险投资机构对潜在投资项目进行全面的风险评估。通过对创业公司的财务数据、市场数据、团队背景等进行综合分析，大数据分析可以预测创业公司的发展潜力和成功可能性，为风险投资机构的决策提供参考。

（四）降低成本与提高效率

1. 自动化财务流程

大数据分析可以实现财务流程的自动化。例如，自动化账务处理、发票审核、报销流程等。通过将大数据分析技术与企业的财务系统相结合，可以实现财务流程的智能化和高效化，节省时间和人力成本。

2. 精准营销与资源优化

大数据分析可以帮助企业进行精准营销，通过对客户行为和偏好的分析，可以更好地理解客户需求，定制个性化的营销策略，提高营销的精准度和效果。同时，大数据分析还可以帮助企业优化资源配置，根据市场需求和供应链情况进行资源优化，降低成本，提高效率。

第三章 智能财务管理的理论框架与模型

第一节 智能财务管理的概念和定义

智能财务管理是指将人工智能和大数据等先进技术应用于财务管理领域，以提高财务管理的效率、准确性和智能化水平的一种管理模式。随着信息技术的迅猛发展和企业数据量的不断增加，传统的财务管理方式已经无法满足企业复杂的财务处理需求。智能财务管理的出现为企业提供了更加科学、高效、智能的财务管理方法，成为财务管理领域重要的发展方向。

一、智能财务管理的背景和起源

智能财务管理是在信息技术飞速发展和智能化趋势下逐渐兴起的管理模式。随着人工智能、大数据和云计算等技术的快速发展，企业面临着海量的财务数据和复杂的经营环境，传统的财务管理方式已经无法满足企业对高效、准确和智能化财务管理的需求。智能财务管理应运而生，旨在利用先进的信息技术手段，对财务数据进行智能化处理和分析，从而提高财务决策的科学性和准确性，降低企业经营风险，优化资源配置，为企业的可持续发展提供强有力的支持。

（一）智能财务管理的背景

在信息技术高速发展的背景下，企业面临着财务数据快速增长和业务环境日益复杂的挑战。传统的手工财务管理方式已经无法满足企业对高效、准确和智能化财务管理的需求。随着人工智能、大数据和云计算等技术的发展，智能财务管理逐渐成为现实，为企业提供了更高效、更智能的财务管理解决方案。

技术飞速发展。信息技术的飞速发展是智能财务管理兴起的基础。人工智能技术的快速发展使计算机能够模拟人类智能，具备自主学习和智能决策的能力。大数据技术的成熟使企业可以高效地存储、处理和分析庞大的财务数据。云计算技术的应用使得财务管理系统可以实现远程访问和资源共享，从而可以提高工作效率。

复杂的经营环境。企业面临着日益复杂的经营环境，全球化竞争、市场波动、政策变化等因素使财务管理变得愈加复杂和更具高风险。传统的手工财务管理方式容易出现错误和漏洞，无法及时应对市场变化，企业需要更加智能化和科学化的财务管理手段。

财务数据的海量增长。随着企业规模的扩大和业务的增长，财务数据呈现爆炸式增长。传统的手工处理方式无法胜任如此大规模的数据处理任务，企业需要通过利用先进的信息技术来高效处理和分析数据。

传统财务管理的局限性。传统的财务管理方式主要依赖人工处理，容易出现疏漏和错误。此外，传统财务管理往往注重事后处理，对事前预警和风险管理的能力有限。企业需要更具智能化的财务管理系统来提高工作效率和决策准确性。

企业对财务管理要求的提升。随着企业对财务管理要求的不断提升，传统财务管理模式已经无法满足企业的需要。企业需要更加高效、准确和智能化的财务管理模式来应对市场竞争和经营挑战。

（二）智能财务管理的起源

技术进步驱动。智能财务管理的起源可以追溯到信息技术的持续进步和创新。随着计算机技术的发展，特别是人工智能、大数据和云计算等关键技术的突破，企业对财务数据的处理和分析有了更高的要求。这些先进技术为财务数据处理提供了更加智能化、高效和准确的解决方案，为智能财务管理的兴起创造了条件。

数据爆炸和复杂性挑战。随着互联网的普及和信息化时代的来临，企业面临着海量的财务数据，包括来自不同业务部门、不同地区的数据，以及外部市场和行业的大量数据。传统的手工处理方式无法应对如此庞大和复杂的数据挑战，企业需要借助智能化技术来提高处理效率和数据分析能力。

企业对财务决策的要求提升。企业对财务决策的准确性和及时性要求越来越高。财务决策关乎企业的生存和发展，需要基于全面、准确的财务数据进行科学分析和预测。传统财务管理方式受制于人力和时间，难以满足企业对高效决策的需求，智能财务管理应运而生。

优势和效益的显现。经过实践验证，智能财务管理展现出显著的优势和效益。它能够大幅提高财务数据处理的速度和准确性，降低出错率，增强财务决策的科学性和可靠性。企业逐渐认识到智能财务管理的潜在价值，推动了其在更广泛范围内的应用和发展。

行业需求和标杆企业示范效应。随着智能财务管理在一些先进企业的成功应用，其他行业企业也开始意识到其重要性和必要性。行业竞争和市场环境的变化要求企业不断提升财务管理水平，智能财务管理成为企业追求高效运营和优化资源配置的必然选择。标杆企业的示范效应也在推动着行业范围内智能财务管理的推广和普及。

政策支持与市场推动。政府对信息技术的支持和推动是智能财务管理兴起的重要因素。政府鼓励企业加强信息化建设，推动数字经济发展，提高企业管理水平。同时，市场竞争的加剧也迫使企业不断寻求新的管理模式和技术手段，智能财务管理的应用成为企业在市场中立于不败之地的重要保障。

智能财务管理的未来发展。智能财务管理作为信息技术与财务管理相结合的新型管理模式，其未来发展前景广阔。随着人工智能、大数据、云计算等技术的不断进步和成熟，智能财务管理将更加智能化、高效化和精细化。预计未来智能财务管理将在企业财务分析与预测、风险管理、成本控制和资源优化等方面发挥更重要的作用，成为企业财务管理的核心支撑和智能决策的重要保障。

二、智能财务管理的特点

（一）数据驱动

智能财务管理的特点之一是数据驱动。在传统的财务管理中，财务决策往往是基于经验和直觉做出的，而智能财务管理通过对海量财务数据的收集、整理和分析，实现了对财务管理的科学化和数据化。通过数据驱动，智能财务管理系统能够深入挖掘财务数据中的潜在规律和趋势，帮助财务人员发现企业在运营中的问题和机会，从而更准确地做出决策。

例如：假设一家零售企业正在考虑是否要在某个城市开设新店铺。传统的决策方式可能会基于市场经验和经理的个人意愿来决定。但是，智能财务管理系统可以收集和分析该城市的人口数据、消费者行为数据、竞争对手数据等因素，为企业管理者提供更科学、客观的新店铺开设建议。

（二）智能化决策

智能财务管理的另一个显著特点是智能化决策。借助人工智能技术，智能财务管理系统可以自动分析财务数据，识别潜在的问题和风险，并做出智能化的决策。这种智能化决策能够大大提高企业决策的准确性和效率，减少人为的主观干预，降低决策的风险。

例如：一家制造业企业需要决定是否要进行新产品的研发投资。传统的决策过程可能需要财务、市场、研发等部门的多次会商和意见征询。但是，智能财务管理系统可以通过分析市场需求、竞争对手情况、研发成本等多方面数据，综合评估新产品研发的潜在回报和风险，为企业管理者提供更具科学依据的决策建议。

（三）实时监控

智能财务管理具备实时监控的能力。传统的财务管理通常是周期性的，如月度或季度报表，这样可能导致问题在被发现时已经发展成为较大的风险。而智能财务管理系统可以通过实时收集和分析财务数据，及时发现潜在的问题和异常情况，从而能够在问题还处于初期阶段时就做出相应的应对措施，从而降低风险发生的可能性。

例如：一家投资公司通过智能财务管理系统实时监控投资组合的表现。如果某一投资项目的收益率突然下降，系统会立即发出预警，并通知相关财务人员。这样，投资公司可以迅速调整投资策略，降低投资风险。

（四）个性化服务

智能财务管理的个性化服务是指系统能够根据不同企业的需求定制专属的财务管理方案。每个企业的财务情况和管理需求都是独特的，传统的通用化财务管理系统往往无法完全满足所有企业的要求。智能财务管理系统通过对企业的财务数据进行个性化分析，为企业量身定制财务管理解决方案，使这个方案更符合企业的实际情况。

例如：一家跨国企业在不同国家拥有不同子公司，每个子公司的财务情况和税务政策都有所不同。智能财务管理系统可以根据每个子公司的财务数据和所在国家的税收政策，为企业提供个性化的财务报表和税务筹划建议，帮助企业在全球范围内优化财务管理。

（五）效率提升

智能财务管理的应用可以大幅提高财务管理的效率。传统的财务管理往往需要大量的手工操作和数据处理，耗费大量时间和人力，而智能财务管理系统利用先进的信息技术手段，实现对财务数据的自动化处理和分析，极大地提高了工作效率，节约了人力成本。

例如：一个中小型企业通常需要将大量的发票和凭证录入系统，并进行核对和审核。使用传统的手工操作，这个过程可能需要数天甚至数周的时间。但是，智能财务管理系统运用了光学字符识别（OCR）技术，可以自动识别发票和凭证上的信息，并自动录入系统，大大加快了数据处理的速度，节省了大量时间和人力。

总的来说，智能财务管理的特点包括数据驱动、智能化决策、实时监控、个性化服务和效率提升。这些特点使得智能财务管理成为未来财务管理的趋势和发展方向。

第二节　智能财务管理的理论基础和构建框架

一、人工智能理论

（一）机器学习

人工智能是智能财务管理的核心理论基础之一。其中，机器学习通过让计算机从数据中学习规律和模式，从而实现对未知数据的预测和决策。在智能财务管理中，机器学习技术可以应用于财务数据的分类、预测、聚类等任务，帮助财务人员做出科学决策和预测企业的财务状况。

监督学习。监督学习是机器学习中的一种常见方法，在智能财务管理中有广泛应用。该方法通过给计算机提供带有标签的训练数据，即已知输入与输出的对应关系，让计算机学习从输入到输出的映射规律。在财务管理中，可以利用监督学习来建立财务数据与特定指标之间的关系模型，如收入与支出的关系、成本与利润的关系等。通过这些模型，系统可以预测未来的财务状况，辅助企业管理者做出决策。

无监督学习。无监督学习是另一种重要的机器学习方法，它与监督学习不同，无须给计算机提供标签化的训练数据。相反，无监督学习的目标是让计算机自行发现数据之间的结构和模式，从而实现数据的聚类和分类。在智能财务管理中，可以利用无监督学习技术来对财务数据进行聚类，将相似性较高的数据归为一类，有助于发现企业的财务特征和规律。

强化学习。强化学习是一种通过与环境进行交互学习的机器学习方法，在智能财务管理中也具有一定的应用潜力。该方法通过试错的方式，根据系统的行为和环境的反馈，不断调整策略，以获得最大的回报。在财务管理中，可以将强化学习应用于优化资源配置和风险管理。例如，企业系统可以通过试验不同的投资组合，根据市场反馈不断优化投资策略，以获得更好的投资收益。

（二）深度学习

深度学习通过构建多层神经网络模拟人脑的神经元网络，实现对更复杂数据的分析和处理。在智能财务管理中，深度学习技术可以应用于图像识别、语音识别等任务。例如，系统可以利用深度学习算法自动识别和分类财务凭证，实现财务数据的自动录入和审核。

卷积神经网络（CNN）。卷积神经网络是深度学习中常用的一种网络结构，特别适用于图像识别任务。在智能财务管理中，财务人员可以利用 CNN 技术对财务凭证图像进行识别和分类。例如，将财务凭证的图像输入 CNN 模型中，模型可以自动提取图像的特征，并根据不同的特征将凭证分为不同的类别，如发票、收据、合同等。这样可以大大提高财务人员对财务凭证的识别和分类效率。

循环神经网络（RNN）。循环神经网络是一种适用于序列数据处理的网络结构，可以对时间序列数据进行建模和预测。在智能财务管理中，财务人员可以利用 RNN 技术对时间序列财务数据进行建模和预测。例如，财务人员可以将企业的历史财务数据作为时间序列输入 RNN 模型中，模型可以根据历史数据预测未来的财务状况。

长短期记忆网络（LSTM）。长短期记忆网络是 RNN 的一种改进版本，可以有效地解决传统 RNN 中的梯度消失和梯度爆炸问题，适用于更长序列数据的处理。在智能财务管理中，财务人员对可以利用 LSTM 技术对更长期的财务数据进行建模和预测。例如，财务人员对可以将企业多年的财务数据作为时间序列输入 LSTM 模型中，模型可以提供更准确的财务预测和决策支持。

生成对抗网络（GAN）。生成对抗网络是一种特殊的深度学习模型，由生成器和判别器两个网络组成。在智能财务管理中，财务人员可以利用 GAN 技术生成合成财务数据，用于数据增强和模型训练。例如，财务人员可以利用 GAN 生成不同场景下的财务数据，扩充原有数据集，增加模型的泛化能力和鲁棒性。

深度强化学习。深度强化学习结合了深度学习和强化学习的优势，在智能财务管理中具有潜在应用。深度强化学习可以用于优化财务管理策略和决策过程。例如，在投资决策中，管理者可以利用深度强化学习技术学习不同投资策略的优劣，并根据市场反馈不断优化投资决策，以获得更好的投资收益。

迁移学习在深度学习中的应用。迁移学习在深度学习中具有重要意义。在智能财务管理中，管理者可以利用迁移学习将已经在其他领域构建好的深度学习模型迁移到财务管理任务中。例如，管理者可以使用在图像识别领域构建好的 CNN 模型来识别财务凭证图像，通过迁移学习可以加快财务凭证识别模型的构建过程，提高准确性和效率。

（三）自然语言处理

自然语言处理目标是使计算机能够理解和处理自然语言文本。在智能财务管理中，自然语言处理技术可以用于处理财务报表、凭证等文本信息。通过自然语言处理，系统可以自动识别和提取财务报告中的关键信息，帮助财务人员快速获取企业的财务状况。

文本分类。自然语言处理可以用于财务报表和凭证等文本信息的分类。例如，财务人员可以利用文本分类技术将财务报表分为资产负债表、利润表、现金流量表等不同类别，从而实现自动化的文档分类和整理。

命名实体识别。命名实体识别是指从文本中识别出具有特定意义的实体，如人名、地名、日期等。在财务管理中，财务人员可以利用命名实体识别技术从财务报表和凭证中提取出公司名称、交易日期等关键信息，帮助财务人员更快速地开展数据录入和整理工作。

情感分析。情感分析是指对文本的情感进行分析，判断文本的情感倾向是积极、消极还是中性。在智能财务管理中，财务人员可以利用情感分析技术对财务报告进行分析，了解公众对企业财务状况的态度和情感，帮助企业做出更加科学的财务决策。

机器翻译。机器翻译是自然语言处理的一个重要应用，可以将一种语言的文本自动翻译成另一种语言。在国际贸易和跨国企业中，财务报表和凭证可能涉及多种语言，通过机器翻译技术，财务人员可以快速将这些文本翻译成需要的语言，便于跨国财务管理和交流。

文本摘要。文本摘要是指将长文本自动提炼成简洁的摘要或关键信息。在财务管理中，财务报告和凭证往往包含大量的信息，通过文本摘要技术，财务人员可以自动提取出其中的关键信息，帮助财务人员更快速地理解文本内容。

信息抽取。信息抽取是从非结构化文本中抽取出结构化的信息。在财务管理中，可以利用信息抽取技术从财务报表和凭证中提取出特定的数据，如交易金额、交易对象等，财务人员以便进行进一步的数据分析和处理。

通过文本分类、命名实体识别、情感分析、机器翻译、文本摘要和信息抽取等技术，财务人员可以实现对财务文本信息的自动化处理和分析，提高财务数据的可理解性和利用价值。自然语言处理的应用使得智能财务管理系统能够更好地理解和处理文本信息，为财务管理者做出财务决策提供更全面和准确的支持。

二、大数据理论

（一）数据采集与存储

大数据理论是智能财务管理的一个重要理论基础。财务数据通常包括交易记录、成本支出、收入等信息。在智能财务管理中，数据采集与存储是至关重要的步骤。通过大数据技术，系统可以高效地采集和存储海量的财务数据，并保证数据的安全和可靠性。

1. 数据采集

数据采集是指从不同的数据源收集财务数据的过程。在智能财务管理中，财务数据可以来自多个渠道，如企业内部的财务系统、银行交易记录、供应商和客户的数据等。数据采集的过程需要确保数据的准确性和完整性，以便后续的数据分析和处理。

数据源接入。智能财务管理系统需要与各种数据源进行连接，以获取财务数据。这可能涉及数据库连接、API 接口调用、文件导入等多种方式，确保系统能够实时或定期获取最新的财务数据。

数据抓取与爬取。有些财务数据可能来自互联网或外部数据提供商，此时需要利用数据抓取或爬虫技术，从网页或外部系统中自动获取相关数据，确保数据的及时性和完整性。

数据清洗与预处理。采集到的财务数据可能存在错误、缺失或冗余等问题，因此需要进行数据清洗和预处理。这包括去除重复数据、填充缺失值、纠正错误数据等，以确保数据的质量和准确性。

2. 数据存储

数据存储是指将采集到的财务数据存储到合适的数据仓库或数据库中，以便后续的数据分析和应用。

数据仓库。数据仓库是一个用于存储和管理大量数据的集中化存储系统。在智能财务管理中，数据仓库可以用来存储采集到的各类财务数据，如交易记录、凭证、报表等。数据仓库的设计需要考虑数据的结构化和非结构化特点，以及对数据的快速查询和分析的支持。

云存储。随着云计算技术的发展，越来越多的企业将数据存储到云平台上。智能财务管理系统可以利用云存储服务，将财务数据存储在云端，实现数据的弹性扩展和高可用性。

数据安全。财务数据的安全性是非常重要的，智能财务管理系统需要采取各种措施确保数据的安全性，包括数据加密、访问控制、备份和恢复等，以防止数据泄露和损坏。

数据备份与恢复。为了保障数据的可靠性，智能财务管理系统需要定期进行数据备份，以防止数据丢失或损坏。同时，需要建立恢复机制，确保在数据丢失或损坏时能够及时恢复数据。

（二）数据清洗与预处理

大数据中常常存在着不完整、不准确和重复的数据，这会影响财务数据的分析和决策结果。因此，在智能财务管理中，数据清洗与预处理是必要的步骤。通过数据清洗和预处理，系统可以去除噪声数据和异常值，确保数据的质量和准确性，提高数据分析的精度和可靠性。

1. 数据清洗

数据清洗是指对采集到的数据进行筛选、转换和修正的过程，以去除数据中的错误、缺失和冗余等问题。

缺失值处理。在财务数据中，由于各种原因，可能会存在部分数据缺失的情况。数据缺失会影响后续的分析和决策，因此需要采取合适的方法来处理缺失值。常见的处理方法包括删除含有缺失值的记录、用平均值或中位数填充缺失值、使用插值法进行估算等。

异常值处理。异常值是指与其他数据明显不同的数据点，可能是由于数据采集错误或数据变异造成的。在财务数据中，异常值可能导致数据分析的误导，因此需要进行异常值处理。处理异常值的方法包括删除异常值、用平均值或中位数替代异常值、使用插值法进行估算等。

重复数据处理。由于数据采集和存储过程中可能存在重复记录，需要对数据进行去重处理，以避免重复数据对分析结果的影响。常见的去重方法包括基于主键的去重、基于时间戳的去重等。

2. 数据预处理

数据预处理是指对清洗后的数据进行格式转换、归一化、特征选择、数据转换等处理，以便于后续的数据分析和建模。

数据格式转换。财务数据可能以不同的格式进行存储，如日期格式、货币格式等。在数据预处理阶段，需要将数据转换成统一的格式，以方便后续的计算和分析。

数据归一化。不同指标的财务数据可能具有不同的量纲和单位，为了消除指标之间的量纲差异，需要对数据进行归一化处理。常见的归一化方法包括最小 - 最大归一化和 Z-score 归一化等。

特征选择。在数据预处理阶段，还需要对数据进行特征选择，即选择对分析和决策有意义的特征。通过特征选择，可以减少数据维度，提高模型的效率和准确性。

数据转换。有时候，财务数据可能不会满足某些模型的要求，需要进行数据转换。例如，对数据进行对数变换、指数变换等，以满足模型的假设条件。

（三）数据分析与挖掘

大数据技术可以帮助智能财务管理系统对海量数据进行深入分析和挖掘。数据分析与挖掘是智能财务管理的核心任务之一，通过对财务数据的分析和挖掘，系统可以发现数据中隐藏的规律和趋势，为财务决策提供准确的数据支持。

1. 数据分析

数据分析是指对采集到的财务数据进行统计、计算和综合分析的过程，以获取数据的特征和规律，为后续的决策提供参考依据。

描述性统计。描述性统计是对数据进行总结和描述的方法，包括计算平均值、中位数、标准差等统计指标，以揭示数据的分布和变化情况。

数据可视化。数据可视化是将数据以图表的形式展示出来，使复杂的数据变得直观和易于理解。通过数据可视化，财务人员可以快速掌握数据的趋势和异常情况。

关联分析。关联分析是指通过挖掘数据中的关联规则，发现不同财务指标之间的相关性。例如，可以通过关联分析发现某个产品的销售额与市场广告投入之间存在一定的相关性。

2. 数据挖掘

数据挖掘是指对大数据进行深入挖掘，发现其中隐藏的模式和知识。数据挖掘可以帮助财务管理系统发现数据中的潜在规律，为企业提供决策支持。

分类与预测。通过分类与预测模型，系统可以对财务数据进行分类和预测，帮助财务人员了解不同决策可能带来的结果和影响。

聚类分析。聚类分析是将数据分成若干个类别的过程，相似的数据被归为同一类，这样有助于发现数据中的群组结构和规律。

异常检测。异常检测是指发现数据中的异常点和异常情况，帮助财务人员及时发现潜在的风险和问题。

关联规则挖掘。关联规则挖掘是指发现数据中频繁出现的项集和关联规则，揭示不同指标之间的关联关系，有助于发现潜在的业务机会和优化方案。

（四）实时处理与查询

智能财务管理需要对数据进行实时处理和查询，以满足企业对实时财务信息的需求。在大数据理论中，实时处理与查询是一个重要的研究方向。通过实时处理和查询技术，智能财务管理系统可以快速处理海量的财务数据，并实时向用户提供查询结果，保证系统的高并发和低延迟。

1. 实时处理

实时处理是指对数据在到达系统后立即进行处理和分析的技术。在智能财务管理中，实时处理是至关重要的，因为财务数据的变化可能非常快速，需要及时进行处理和反馈。以下是在智能财务管理中实时处理的关键技术：

流式处理。流式处理是一种处理实时数据流的技术，它可以在数据到达系统时立即对其进行处理，而不是等待数据全部到达后再处理。流式处理技术可以帮助智能财务管理系统实时处理财务数据，及时更新财务信息。

分布式计算。实时处理需要处理大量的财务数据，传统的单机处理往往难以满足要求。因此，分布式计算技术可以将数据分布在多个计算节点上进行并行处理，从而提高处理速度和效率。

内存计算。内存计算技术是指一种将数据存储在内存中进行计算的技术，相比传统的磁盘存储，内存计算速度更快。在智能财务管理中，内存计算可以加快数据的实时处理速度，提高系统的响应性能。

2. 实时查询

实时查询是指用户在需要时能够立即查询到最新的财务数据。智能财务管理系统需要具备强大的实时查询能力，以满足财务人员对实时财务信息的需求。以下是实时查询的关键技术：

索引技术。索引技术可以加快数据库的查询速度，通过建立适当的索引，系统可以快速定位和获取财务数据。

缓存技术。缓存技术可以将常用的财务数据存储在缓存中，避免频繁地查询数据库，从而提高查询效率。

分布式存储。分布式存储技术可以将数据分布在多个节点上存储，用户可以通过查询不同节点来获取财务数据，提高查询的并发能力。

实时指标监控。智能财务管理系统可以设置实时指标监控，用户可以实时查看关键财务指标的变化情况，及时掌握企业的财务状况。

三、云计算理论

（一）弹性计算与资源调度

云计算理论是智能财务管理的另一个重要理论基础。云计算技术可以提供强大的计算和存储能力，根据财务数据的处理需求进行弹性计算和资源调度。智能财务管理系统可以根据财务数据处理的规模和复杂程度，自动调用云计算资源，保证数据处理的高效和及时性。

1. 弹性计算

弹性计算是云计算技术的一个核心特性，它是指根据负载情况自动调整计算资源的能力。在智能财务管理中，财务数据的处理需求可能会随时变化，有时需要大量的计算资源来处理复杂的数据分析任务，有时则只需要较少的资源。弹性计算可以根据实际需求，自动调整计算资源的数量，避免资源的浪费和供应不足。

自动扩缩容。智能财务管理系统可以设置自动扩缩容规则，当财务数据处理需求增加时，系统自动增加计算资源；当财务数据处理需求减少时，系统自动释放多余的资源。通过自动扩缩容，系统可以保证在任何时候都有足够的计算资源来处理财务数据。

容器化技术。容器化技术是一种将应用程序及其依赖项打包成一个独立容器的技术，容器可以在任何平台上运行。在智能财务管理中，可以使用容器化技术将财务数据处理任务打包成一个容器，根据负载情况动态调整容器的数量和资源配置，实现弹性计算。

2. 资源调度

资源调度是指根据财务数据处理的优先级和资源需求，合理分配计算资源的过程。在智能财务管理中，资源调度是一个复杂的任务，需要综合考虑财务数据的处理时间、资源利用率和成本等因素。

任务调度算法。智能财务管理系统可以使用任务调度算法来决定财务数据处理任务的执行顺序和资源分配。常见的任务调度算法包括最短作业优先（SJF）、最早截止时间优先（EDF）等，这些算法可以根据任务的特性和优先级，合理分配计算资源。

负载均衡。负载均衡是指将财务数据处理任务均匀分配到各个计算节点上，避免某些节点负载过重而导致性能下降。智能财务管理系统可以使用负载均衡技术来实现资源的均衡分配，提高数据处理的效率和稳定性。

资源池管理。资源池管理是指将所有可用的计算资源组织成一个资源池，根据财务数据处理的需求从资源池中动态调配资源。智能财务管理系统可以使用资源池管理技术，根据财务数据处理任务的优先级和规模，从资源池中选择合适的资源来执行任务。

（二）数据共享与协作

云计算技术支持数据的共享和协作，这对于多部门共同参与财务管理的企业尤为重要。智能财务管理系统可以将财务数据上传至云端，实现不同部门之间对财务数据的共享和协同处理。这样，财务部门、市场部门、研发部门等可以共同参与财务管理工作，实现全企业范围内的数据共享和协作。

数据上传与共享。智能财务管理系统可以将财务数据上传至云端存储，确保数据的安全性和可靠性。云计算技术可以实现数据的多端共享，不同部门的员工可以通过授权访问得到相同的财务数据。数据上传和共享可以减少数据传输的复杂性，提高数据的一致性和准确性，同时加强了不同部门之间的沟通与合作。

权限管理与数据安全。在数据共享和协作过程中，数据的安全性是非常重要的考虑因素。智能财务管理系统可以通过权限管理机制，对不同部门的员工进行权限设置，确保只有授权人员可以访问敏感的财务数据。同时，云计算提供了数据加密、身份认证等安全措施，以保障数据在传输和存储过程中的安全性。

协同处理与决策支持。数据共享和协作使得不同部门之间可以实时协同处理财务数据。例如，市场部门可以通过获取财务数据来了解企业的财务状况，以便更好地制定市场营销策略。研发部门可以根据财务数据来优化产品研发方案。各部门之间的协同处理能够加快决策的速度，提高决策的准确性和科学性。

数据分析与业务优化。数据共享和协作为智能财务管理提供了更多的数据资源，为数据分析和业务优化提供了更多可能性。不同部门共同参与数据分析，可以从不同角度对财务数据进行深入挖掘，发现潜在的业务优化机会。例如，市场部门可以结合财务数据来分析销售额与广告投入之间的关系，优化广告投放策略，提高营销业绩。

流程协同与效率提升。通过数据共享和协作，财务管理流程可以更加协调高效。不同部门可以根据各自的职责和权限，参与财务数据的处理和决策，避免"信息孤岛"和重复工作。这样可以提高财务管理的效率，加快决策的速度，减少出错的风险。

（三）安全与隐私保护

智能财务管理涉及大量的敏感财务数据，因此数据安全与隐私保护是智能财务管理的重要考虑因素。云计算理论中的安全与隐私保护机制为智能财务管理提供了有效的保障。智能财务管理系统可以采用数据加密、访问控制和身份认证等技术，确保财务数据在传输和存储过程中的安全性。此外，系统还可以通过权限管理和审计机制，跟踪和记录用户对财务数据的访问和操作，保护数据的隐私和完整性。

数据加密。数据加密是保障数据安全的重要手段。智能财务管理系统可以采用加密算法对财务数据进行加密处理，确保数据在传输和存储过程中不被未授权的人员读取和篡改。加密技术可以有效防止数据泄露和数据被黑客攻击，为财务数据提供了强大的保护屏障。

访问控制与身份认证。智能财务管理系统可以通过访问控制机制，限制只有授权人员可以访问财务数据。同时，系统可以采用身份认证技术，确保用户的身份合法和真实。例如，系统可以要求用户输入用户名和密码进行登录，或者使用指纹识别等生物特征认证技术，以确保只有授权用户才能访问财务数据。

权限管理。权限管理是智能财务管理系统中重要的隐私保护机制。系统可以根据用户的角色和职责，设置不同的权限级别。只有具有相应权限的用户才能访问和操作相应的财务数据。权限管理可以避免数据被非授权用户访问和操作，保障数据的安全和隐私。

审计机制。审计机制是智能财务管理中的另一个重要保障措施。系统可以记录用户对财务数据的访问和操作，包括谁在什么时间访问了哪些数据，进行了什么样的操作等。审计机制可以帮助跟踪和追溯数据的访问和使用情况，发现潜在的安全问题和异常行为，并及时采取措施进行处理。

数据备份与恢复。数据备份与恢复是应对数据丢失和损坏的重要手段。智能财务管理系统可以定期对财务数据进行备份，确保数据在意外情况下可以及时恢复。备份数据通常存储在安全的地方，以防止数据的丢失和损坏，保障数据的完整性和可靠性。

（四）成本节约与灵活部署

云计算技术可以帮助企业节约成本，避免大规模投资和维护本地服务器。智能财务管理系统可以根据企业的需求选择在公有云、私有云或混合云环境中部署，灵活调整计算和存储资源，根据业务规模的变化进行成本优化和资源配置。

成本节约。云计算技术为企业节约成本提供了极大的便利。传统的财务管理系统往往需要大规模投资和维护本地服务器，而云计算可以提供按需付费的服务模式，企业只需支付实际使用的资源，无须为过量的计算和存储资源支付额外费用。这种灵活的计费模式可以帮助企业节约成本，特别适合中小型企业和创业公司。

灵活部署。智能财务管理系统可以根据企业的需求选择在公有云、私有云或混合云环境中部署。公有云是由第三方云服务提供商提供的共享计算和存储资源，企业可以根据需要快速部署系统，无须自行购买硬件设备和搭建基础设施。私有云是由企业自己搭建和管理的云平台，可以提供更高的安全性和数据隐私保护。混合云是公有云和私有云的结合，企业可以根据不同的业务需求将不同的数据和应用部署在合适的环境中，以提高资源利用率和灵活性。

弹性计算与资源调度。云计算技术可以根据财务数据处理的规模和复杂程度，自动调用云计算资源。在财务数据处理需求较大时，系统可以自动扩展计算和存储资源，以满足高负载的需求；在财务数据处理需求较小或波动较大时，系统可以自动释放多余的资源，避免资源浪费。这种弹性计算和资源调度的能力可以帮助企业优化资源配置，以提高效益。

快速部署与扩展。云计算环境下，智能财务管理系统的部署和扩展都可以在短时间内完成。传统的本地服务器部署通常需要耗费大量的时间和人力，而在云计算平台上，企业可以快速创建和配置虚拟机、存储空间等资源，实现快速部署。同时，系统的扩展也可以通过简单的配置实现，不需要进行复杂的硬件升级和扩充。这种快速部署和扩展的能力可以帮助企业及时应对业务的变化和增长。

四、区块链理论

（一）去中心化与不可篡改性

区块链技术是智能财务管理的新兴理论基础之一。区块链采用分布式账本的方式，每个区块都包含前一个区块的哈希值，保障了数据的去中心化和不可篡改性。在智能财务管理中，区块链技术可以实现财务数据的安全存储和传输，防止数据的篡改和伪造，增强数据的可信度和真实性。

1. 去中心化

区块链技术采用去中心化的分布式账本结构，数据存储在网络的每个节点上，而非集中在单一的中心服务器。在智能财务管理中，传统的财务系统通常由中央数据库管理，而区块链技术将财务数据分布到网络中的多个节点上，实现了去中心化的数据管理。去中心化带来了多方参与、数据共享和数据可追溯的优势。每个参与节点都有权访问和验证数据，确保数据的透明性和公正性。另外，去中心化还降低了数据被篡改或丢失的风险，增强了系统的安全性。

2. 不可篡改性

区块链的每个区块都包含前一个区块的哈希值，形成了链式结构，确保了数据的不可篡改性。一旦数据被记录在区块链上，就不可更改或删除。在智能财务管理中，财务数据一旦记录在区块链上，就不会被篡改或伪造，保障了数据的可信度和真实性。这对于防止财务数据的篡改和造假非常重要，尤其在财务审计和报告方面，区块链技术可以提供不可篡改的审计轨迹，增加了财务报告的可信度。

（二）交易透明性和可追溯性

区块链技术可以记录每笔交易的详细信息，并保留交易的历史记录，实现交易的透明性和可追溯性。在智能财务管理中，区块链技术可以用于记录财务交易的全过程，包括交易主体、交易时间、交易金额等信息，财务人员可以通过区块链上的交易数据，了解每笔交易的来源和去向，增强财务决策的准确性和可信度。

1. 交易透明性

区块链技术的分布式账本结构保证了交易的透明性。每笔交易都被记录在区块链上，所有参与节点都可以查看和验证交易的详细信息，包括交易主体、交易时间、交易金额等。在智能财务管理中，交易透明性为财务人员和监管机构提供了实时查看交易记录的能力。这种透明性使得所有相关方都能了解交易的真实情况，降低了信息不对称的风险，增强了市场的信心和透明度。例如，企业在进行资金调拨时，财务人员可以利用区块链技术记录每笔资金转移的过程，包括转出账户、转入账户和转账金额。这样，企业管理层和相关部门可以实时了解资金调拨的进展和状态，避免出现信息滞后或丢失的问题，确保资金调拨过程的透明性和准确性。

2. 交易可追溯性

区块链技术提供了交易的完整历史记录，使得每笔交易都可以被追溯到其产生的初始状态。在智能财务管理中，交易的可追溯性可以帮助财务人员了解交易的全过程，追踪交易的来源和去向，确保交易的合法性和真实性。这对于财务审计和合规性要求非常重要，也有助于预防欺诈和非法交易的发生。例如，企业在进行供应链融资时，财务人员可以通过区块链记录供应链上的每个环节交易信息，包括供应商的交易、生产商的交易和最终买家的交易。这样，企业可以实时追踪供应链上的资金流动和货物流转情况，确保资金的安全和货物的真实性。同时，监管机构也可以利用区块链数据对供应链融资业务进行全面审计和监管。

（三）智能合约的应用

区块链技术支持智能合约的应用，智能合约是一种自动执行的合约，可以在满足特定条件时自动触发财务交易。在智能财务管理中，智能合约可以用于自动执行支付、结算和合作等财务交易。例如，当某项条件满足时，智能合约可以自动执行付款操作，无须人工干预，提高财务处理的效率和准确性。

1. 自动支付和结算

智能合约可以应用于智能财务管理中的自动支付和结算场景。在传统的财务管理中，支付和结算往往需要人工介入，涉及多个中介和复杂的程序。通过智能合约，可以在特定条件满足时自动执行支付和结算操作，无须第三方中介的参与，大大简化了支付和结算的过程。例如，在供应链融资中，当货物运抵目的地并通过物流系统确认收货后，智能合约可以自动执行支付操作，将货款转移到供应商的账户上，实现供应链上的快速结算。

2. 数字资产管理

智能合约可以用于数字资产的管理和分配。在智能财务管理中，企业可能持有各种数字资产，如加密货币、数字证券等。通过智能合约，可以实现数字资产的安全管理和智能分配。例如，企业可以通过智能合约设定特定条件，当特定时间点或事件发生时，自动将数字资产分配给相应的受益方，避免了人工操作的繁琐和可能出现的错误。

3. 合作伙伴付款

在智能财务管理中，企业可能与多个合作伙伴进行合作，涉及多笔付款和结算。通过智能合约，可以实现企业与合作伙伴之间的智能付款，确保在特定条件满足时自动完成相应的付款操作。例如，在合作伙伴共同开发产品的情况下，智能合约可以设定销售额达到一定数额，自动将利润按约定比例分配给各合作伙伴，减少了纷繁的企业对多个合作伙伴付款操作。

4. 智能投资

智能合约可以用于智能投资场景。在智能财务管理中，企业可能需要进行投资决策，包括购买股票、基金等金融产品。通过智能合约，可以设定特定的投资条件和策略，当条件满足时自动执行投资操作。例如，设定当某股票价格达到某一水平时，系统自动购买该股票，并设定当价格下跌到某一水平时，系统自动止损，实现智能的投资决策和风险管理。

5.财务审计与合规性

智能合约可以应用于财务审计和合规性的场景。在智能财务管理中，企业需要遵守各项财务法规和合规标准。通过智能合约，可以实现财务数据的实时记录和审计，确保财务交易的合规性和真实性。智能合约的不可篡改性保障了财务数据的安全性和完整性，可以为企业的财务审计提供强有力的支持。

通过自动化执行支付、结算和合作等财务交易，智能合约可以提高财务处理的效率和准确性。同时，智能合约还可以用于数字资产管理、智能投资和财务审计等场景，为企业提供更智能化和高效的财务管理方案。然而，智能合约的应用还面临着一些挑战，包括智能合约的安全性、可扩展性和标准化等方面的问题，需要学界做进一步研究和探索。

第三节　智能财务管理模型及其应用

智能财务管理模型是一种利用先进的信息技术手段，如人工智能、大数据、云计算和区块链等，对企业财务数据进行全面分析、挖掘和应用的管理模式。它集成了多种技术和方法，旨在提高财务管理的科学性、准确性和效率，优化资源配置，降低风险，从而为企业的可持续发展提供强有力的支持。

一、智能财务管理模型的核心目标

智能财务管理模型的核心目标是通过先进的信息技术，使财务数据处理和决策过程更加智能化。它涵盖了从财务数据采集、存储、清洗、分析，到财务决策和预测等多个环节，确保数据的准确性、完整性和及时性，帮助财务人员更好分析解企业财务状况，做出科学决策，从而推动企业的发展。

（一）提高财务决策的科学性和准确性

智能财务管理模型旨在通过数据驱动的方式，将大量的财务数据转化为有价值的信息，辅助企业管理层做出科学决策。通过数据的深度分析和预测，模型可以提供更准确、客观的财务决策依据，帮助企业做出更明智的战略规划和资源配置。

（二）实现财务数据的实时监控和追踪

智能财务管理模型具备实时处理和查询能力，可以对企业的财务状况进行实时监控和追踪。通过及时获取财务数据，企业可以快速发现问题和机会，并及时采取相应措施，提高反应速度和决策效率。

（三）优化资源配置和成本管理

智能财务管理模型可以通过数据分析和挖掘，帮助企业优化资源配置和成本管理。通过深入了解资源使用情况和成本结构，企业可以做出更加精准的决策，降低成本，提高效率，增加利润。

（四）提升财务数据的安全性和隐私保护

智能财务管理模型在应用区块链技术时，可以实现财务数据的去中心化存储和不可篡改性。通过数据加密和权限管理等手段，模型保障财务数据在传输和存储过程中的安全性，保护企业财务数据的隐私和完整性。

（五）促进数据共享与协作

智能财务管理模型可以实现财务数据的共享和协作。不同部门之间可以共同参与财务管理，共享财务数据，增强合作与协同，实现全企业范围内的数据共享和协作。

智能财务管理模型的核心目标是通过智能化、数据驱动和安全性保障等手段，实现对财务数据的智能处理、分析和应用，以提高财务决策的科学性和效率，优化资源配置和成本管理，增强企业的竞争力和可持续发展能力。

二、智能财务管理模型的应用

智能财务管理模型的应用可以涵盖多个领域，包括财务报表的自动化生成与分析、财务决策的智能化辅助、投资决策的风险评估与预测、成本管理与资源优化等。通过智能财务管理模型的应用，企业可以更好地把握财务状况，快速应对市场变化，优化运营效率，提高企业竞争力和可持续发展能力。

（一）财务报表的自动化生成与分析

传统的财务报表生成和分析通常需要财务人员手动收集、整理和处理大量数据，会耗费时间和人力，并且存在较高的错误率。智能财务管理模型通过采用大数据和自然语言处理技术，可以实现财务报表的自动化生成和分析。系统能够从不同部门和系统中收集数据，并自动生成财务报表，减少了繁琐的手动操作，提高了报表的准确性和及时性。同时，系统还可以对生成的报表进行智能化分析，发现数据中的规律和趋势，为财务决策提供有价值的参考信息。

（二）财务决策的智能化辅助

智能财务管理模型可以通过机器学习和深度学习技术，对企业的财务数据进行智能分析和预测。例如，在预算编制过程中，系统可以根据历史数据和市场趋势，自动预测未来的财务情况，辅助财务人员制订合理的预算方案。此外，智能财务管理模型还可以对不同决策方案进行模拟和优化，帮助企业找到最优的决策方案，降低风险，提高收益。

（三）投资决策的风险评估与预测

智能财务管理模型可以结合大数据分析和风险评估模型，对投资项目进行全面的风险评估和预测。通过对市场和行业数据的分析，系统可以评估投资项目的潜在风险，并预测项目的回报情况。这样，企业在做出投资决策之前就可以对项目进行科学的评估，降低投资风险，提高投资成功率。

（四）成本管理与资源优化

智能财务管理模型可以帮助企业进行成本管理和资源优化。通过对企业各项费用的监控和分析，系统可以发现成本管理中存在的问题，并提供相应的优化建议。此外，智能财务管理模型还可以对资源的使用情况进行监控和分析，帮助企业合理配置资源，提高资源利用效率，降低成本。

例如，一家制造业企业可以利用智能财务管理模型，通过对生产数据和成本数据的实时分析，及时发现生产过程中的浪费和成本异常，实现生产成本的降低。又如，一家投资公司可以利用智能财务管理模型，通过对市场数据和投资项目的风险评估，选择高收益且低风险的投资项目，优化投资组合，提高投资回报。

智能财务管理模型的应用涵盖了企业财务管理的方方面面，可以帮助企业更加智能化地进行财务管理和决策，可以提高企业的竞争力和可持续发展能力。

第四章　传统财务管理与智能财务管理的比较

第一节　传统财务管理的概述和特点

一、传统财务管理的概述

传统财务管理是指在计算机和信息技术尚未普及的时期，企业主要依赖手工处理财务数据，以会计学为基础，通过编制财务报表和进行财务分析来监控和管理企业的财务状况和业务活动。

（一）财务数据的记录和处理

在传统财务管理中，企业依赖手工方式记录和处理财务交易数据，这些数据对企业的财务报表编制和财务分析非常重要。本节将详细介绍传统财务管理中财务数据的记录和处理过程，包括数据来源、数据录入、数据分类和归档等方面。

1. 数据来源

财务数据的来源主要包括企业内部和外部的财务交易。企业内部的财务交易包括销售收入、采购支出、工资发放等，这些交易产生的财务数据需要记录和处理。同时，企业还需要处理来自外部的财务交易，如客户支付、供应商结算等。这些数据来源涉及企业与其他主体的经济往来，需要进行准确记录和跟踪。

2. 数据录入

数据录入是财务数据记录和处理的关键环节。在传统财务管理中，数据录入主要通过手工方式进行。会计人员根据企业的实际交易情况，逐笔将财务交易数据录入到账簿或电子表格中。数据录入过程中需要注意数据的准确性和完整性，确保每笔交易都被正确地记录下来。

3. 数据分类和归档

数据分类是将财务数据按照一定的规则进行归类，以方便后续的财务分析和报表编制。在传统财务管理中，数据分类主要按照会计科目进行，如资产、负债、所有者权益、收入和支出等。每笔交易被分门别类计入相应的会计科目中。

归档是指将已分类的财务数据进行整理和保存，以备后续查询和审核使用。传统财务管理中，归档主要通过纸质文档或电子文档进行。会计人员将已处理的财务数据整理归档，以备查阅和审计。

手工处理财务数据是传统财务管理的重要特点，虽然在当今信息化时代逐渐被计算机化财务系统取代，但传统财务管理仍然有其合理的应用场景。在实际应用中，企业可以根据自身情况选择合适的财务管理方式，结合手工和计算机处理各自的优势，提高财务数据处理的效率和准确性。

（二）财务报表的编制和审核

传统财务管理主要依靠会计人员手工编制财务报表，如资产负债表、利润表、现金流量表等。报表的编制需要严格遵循会计准则和规范，确保财务数据的准确性和可靠性。同时，财务报表还需要进行审核，以验证财务信息的合规性和真实性。

1. 财务报表的编制

财务报表通常包括资产负债表、利润表、现金流量表和股东权益变动表等。这些报表反映了企业在特定时间段内的财务状况和经营成果。财务报表的编制需要严格遵循会计准则和规范，确保财务数据的准确性和可比性。

资产负债表。资产负债表是反映企业在特定时间点上的资产、负债和所有者权益的平衡状态表。资产负债表将企业的资产按流动性和非流动性进行分类，同时列出了企业的负债和所有者权益。会计人员需要仔细核对企业的资产和负债项目，确保数据的准确性和完整性，以保证资产负债表的平衡性。

利润表。利润表是反映企业在特定时间段内的收入、成本和利润的报表。利润表列出了企业的营业收入、营业成本、营业利润和净利润等项目。会计人员需要对企业的收入和成本进行仔细核对和计算，确保利润表反映了企业真实的经营状况和盈利能力。

现金流量表。现金流量表是反映企业在特定时间段内现金流入和流出情况的报表。现金流量表分别列出了经营活动、投资活动和筹资活动的现金流量，以及期末现金余额。会计人员需要对企业的现金流入和流出进行核对和汇总，确保现金流量表反映出企业的现金状况和流动性。

股东权益变动表。股东权益变动表是反映企业在特定时间段内股东权益变动情况的报表。股东权益变动表列出了期初和期末的各项股东权益，以及期间发生的股东权益变动情况。会计人员需要对企业的股东权益变动进行仔细核对和计算，确保股东权益变动表反映出企业股东权益的真实变动情况。

2. 财务报表的审核

财务报表的审核是保障财务信息真实性和合规性的重要环节。在传统财务管理中，财务报表的审核通常由内部审计或外部审计机构进行。审核人员会对财务数据的来源、录入、分类和归档等进行仔细审查，确保财务数据的准确性和可靠性。

内部审计。内部审计是由企业内部设立的审计部门进行的。内部审计人员独立于财务部门，对财务数据进行独立审查和验证。内部审计旨在发现财务数据处理中可能存在的问题和错误，并提出改进意见，确保财务报表的准确性和合规性。内部审计人员会对财务数据的记录和处理过程进行审查，检查是否符合会计准则和规范，是否存在数据录入错误或遗漏等问题。另外，他们还会对企业的内部控制制度进行评估，确保财务数据的可靠性和安全性。

外部审计。外部审计是由独立的审计机构进行的，通常是由会计师事务所承担。外部审计机构会对企业的财务报表进行全面审查，以保障财务信息的真实性和合规性。外部审计的目标是向企业的股东、投资者和债权人等第三方提供独立的财务信息保证。审计师会对财务数据的准确性、完整性和合规性进行验证，同时也会评估企业的内部控制制度是否有效。

（三）财务分析与决策

传统财务管理通过对财务报表的分析，帮助企业了解其财务状况和经营成果。财务人员可以通过对比不同时间段的报表数据，发现企业的问题所在。这些分析结果可以为企业的决策提供参考意见，帮助企业制定合理的财务战略和决策，优化经营方案。

1.财务报表的分析

传统财务管理的核心内容之一是财务报表的分析。财务报表包括资产负债表、利润表和现金流量表等，它们反映了企业在特定时间段内的财务状况和业绩。财务报表的分析是财务管理的基础，通过对报表数据的解读和比较，财务人员可以了解企业的财务健康状况，揭示企业的盈利能力、偿债能力和运营能力。

资产负债表分析。资产负债表反映了企业在特定日期的资产、负债和所有者权益的情况。财务人员可以通过对资产负债表的分析，了解企业的资产结构和负债结构，判断企业的偿债能力和资产运营效率。例如，财务人员可以计算企业的流动比率和速动比率来评估企业的偿债能力，以及计算总资产周转率和固定资产周转率来评估企业的资产利用效率。

利润表分析。利润表反映了企业在特定时间段内的收入、成本和利润情况。通过对利润表的分析，财务人员可以了解企业的盈利能力和经营效率。例如，财务人员可以计算企业的毛利率和净利率来评估企业的盈利能力，以及计算销售成本率和管理费用率来评估企业的经营效率。

现金流量表分析。现金流量表反映了企业在特定时间段内的现金流入和流出情况。通过对现金流量表的分析，财务人员可以了解企业的现金流动状况和现金运营能力。例如，财务人员可以通过计算企业的经营活动现金流量净额和自由现金流量，来评估企业的经营稳定性和现金储备能力。

2.财务决策的制定

传统财务管理通过财务报表的分析，为企业的决策提供重要的参考意见。财务人员可以根据财务分析的结果，制定合理的财务战略和决策，优化企业的经营方案。

投资决策。在投资决策中，财务人员可以根据财务分析的结果，评估不同投资项目的盈利能力和风险水平。通过计算投资回报率和净现值等指标，财务人员可以帮助企业选择具有较高回报和较低风险的投资项目，从而实现资金的最优配置。

资金筹措决策。在资金筹措决策中，财务人员可以根据财务分析的结果，评估不同融资方式的成本和影响。通过计算财务杠杆和成本资本化率等指标，财务人员可以帮助企业选择适合的资金筹措方式，确保融资成本和偿债能力的平衡。

经营决策。在经营决策中，财务人员可以根据财务分析的结果，评估不同经营方案的盈利能力和风险水平。通过计算经营杠杆和固定成本比例等指标，财务人员可以帮助企业选择经营方案，优化产品组合，提高产能利用率，降低成本，从而实现更有效的资源配置。

资本结构决策。在资本结构决策中，财务人员可以根据财务分析的结果，评估不同资本结构方案的财务稳定性和风险水平。通过计算财务杠杆和股权比例等指标，财务人员可以帮助企业选择适合的资本结构，平衡债务和股权的比例，降低财务风险，提高企业的偿债能力。

3.财务预测与规划

除了对历史数据的分析，传统财务管理还包括对未来的预测和规划。财务人员可以通过趋势分析和预测模型，预测企业未来的财务状况和业务活动，为企业的决策提供更长远的参考。

财务预测。财务预测是对企业未来财务状况的预估。通过对历史数据的趋势分析和统计模型的应用，财务人员可以预测企业未来的收入、成本、利润等财务指标。财务预测可以帮助企业做出合理的财务规划，制定预算和目标，确保企业在未来的发展方向上更加明确和可持续。

资本预算规划。资本预算规划是对企业未来投资项目的规划。财务人员可以根据财务预测的结果，评估不同投资项目的回报和风险，帮助企业选择最具价值的投资项目，实现资金的最优配置。资本预算规划可以帮助企业在有限的资金下，优先考虑那些具有较高回报和战略意义的投资项目。

资金预测和管理。资金预测是对企业未来资金需求和来源的预测。财务人员可以根据财务预测的结果，评估企业未来的资金状况，确保企业在未来的经营活动中有足够的资金支持。资金管理是根据资金预测的结果，合理调配企业的资金，降低资金成本，优化现金流动性，确保企业的资金使用效率和稳定性。

二、传统财务管理的特点

（一）时效性有限

传统财务管理需要将大量财务数据手工记录、整理和核算，这会导致财务信息的生成和报表编制耗费大量时间。因此，传统财务管理的时效性有限，不能及时反映企业最新的财务状况和经营情况。

1.手工处理导致时效性有限

传统财务管理需要依赖手工处理大量的财务数据，包括数据的记录、整理、核算和报表的编制等。由于手工操作的复杂性和耗时性，财务数据的处理过程通常较为繁琐，导致财务报表的生成和分析需要较长的时间。这种手工处理的方式限制了财务信息的时效性，无法及时反映企业的最新财务状况和经营情况。特别是在大规模的企业或多个业务部门的情况下，手工处理更加耗时耗力，导致财务数据的更新速度较慢，从而会影响管理者及时了解企业的财务状况和做出快速决策。

2. 报表编制周期较长

在传统财务管理中，财务报表的编制需要依赖手工录入和计算，这通常涉及大量的数据和复杂的计算过程。因此，财务报表的编制周期较长，可能需要数天或数周的时间才能完成。在这个过程中，如果发生了重要的财务交易或业务活动，这些信息可能无法及时反映在报表中，从而会影响报表的准确性和时效性。由于报表编制周期的长，企业管理者难以及时获得最新的财务信息，影响他们对企业财务状况和经营情况的全面了解和及时决策。

3. 不利于快速决策和应对市场变化

传统财务管理的时效性有限，会导致企业管理者在面临重要决策时缺乏及时的财务数据支持。在快节奏的市场环境下，管理者需要随时掌握最新的财务状况，及时调整经营策略，应对市场变化和竞争压力。然而，由于传统财务管理的时效性问题，企业管理者可能在决策过程中缺乏实时的财务数据，从而会影响他们做出快速决策。这可能导致企业错失时机，错失市场机遇，影响企业的竞争力和业绩。

4. 难以应对复杂业务场景

在现代复杂的业务场景下，传统财务管理的时效性问题更加突出。企业可能涉及多个业务部门和多个地区的业务活动，需要及时了解各个部门和地区的财务状况。然而，由于手工处理的限制，财务数据的更新和汇总过程较为繁琐，难以实现实时的财务信息共享和汇总。这使得企业管理者很难快速获得全面的财务数据，从而会影响其对企业整体经营情况的综合把握和决策。

5. 依赖人工操作容易出现错误

由于依赖手工处理财务数据，传统财务管理存在较高的人工操作风险。人工操作容易出现错误，如数据录入错误、计算错误等，影响了财务数据的准确性和可信度。这些错误可能导致财务报表的不准确，进而影响企业的财务决策和业务发展。此外，手工处理还需要较多的人力投入，增加了企业的运营成本。

6. 审计和合规性监督难以实时进行

在传统财务管理中，由于财务数据处理的时效性有限，审计和合规性监督难以实时进行。审计是对企业财务信息的独立审查和验证，以确认其准确性和合规性。然而，由于财务数据的手工处理和报表编制周期较长，审计人员可能需要等待一段时间才能获取最新的财务数据，这影响了审计的及时进行。在这期间，企业可能已经发生了新的财务交易和业务活动，但这些信息还未反映在审计结果中，使得审计的全面性和准确性受到影响。

同样，合规性监督也面临类似的问题。合规性监督是指对企业遵守法律法规和规范性文件的情况进行监督和检查。在传统财务管理中，财务数据的时效性有限，合规性监督机构难以及时获取最新的财务信息，从而难以实时监督企业的合规性。这可能会给企业带来合规风险，增加了企业的法律责任和经济损失。

（二）缺乏灵活性和实时性

传统财务管理的数据处理方式较为僵化，难以适应复杂多变的市场环境和快速变化的经营需求。对实时的数据需求和灵活的数据分析，传统财务管理存在一定的局限性。

1.数据处理方式的僵化

传统财务管理依赖手工处理财务数据，包括数据录入、分类、核算和编制财务报表等。这种手工处理方式较为繁琐，导致财务数据的处理速度较慢，难以满足企业对实时数据的需求。尤其是在大规模数据处理时，传统财务管理往往无法及时反映企业的最新财务状况和经营情况。

2.复杂多变的市场环境

企业在不断变化的市场环境中运营，面临着市场需求的快速变化、竞争对手的不断涌现以及政策法规的调整。在这样的背景下，传统财务管理的数据处理方式难以灵活适应市场的多变性，从而会影响企业管理者对市场变化做出及时调整和决策。

3.实时数据需求

在信息时代，企业对实时数据的需求越来越迫切。实时数据可以帮助企业管理者了解当前的经营状况、市场趋势和客户需求，从而做出快速反应和决策。然而，传统财务管理的数据处理方式需要较长时间来完成数据的录入和报表编制，难以满足企业管理者对实时数据的迫切需求。

4.灵活数据分析需求

随着市场竞争的加剧，企业管理者需要进行更加深入和灵活的数据分析，以挖掘潜在商机和优化经营策略。然而，传统财务管理主要关注财务报表的编制和简单统计分析，缺乏对复杂数据的深度挖掘和趋势预测能力。这使得传统财务管理无法满足企业管理者对灵活数据分析的需求。

5.竞争力和决策效率的影响

传统财务管理缺乏灵活性和实时性，影响了企业的竞争力和决策效率。在快速变化的市场环境下，企业管理者需要快速获取最新的财务信息和市场数据，以做出及时决策和调整经营策略。然而，传统财务管理的数据处理方式限制了财务信息的实时反映和管理者快速决策的能力，导致企业在竞争中处于劣势。

6.数据处理错误和不准确性

由于传统财务管理涉及大量的手工操作，出现人为错误和数据不准确性的风险较高。数据录入和核算过程中可能出现错误，导致财务报表和决策结果的不准确。这会对企业的财务管理和决策带来不良影响，可能导致错误的决策和出现损失。

传统财务管理缺乏灵活性和实时性，主要表现在数据处理方式的僵化、难以适应复杂多变的市场环境、无法满足企业管理者对实时数据和灵活数据分析的需求，以及影响企业竞争力和决策效率。此外，由于手工操作容易出现错误，传统财务管理还存在数据处理错误和不准确性的风险。因此，企业应逐渐转向智能财务管理模式，以提升数据处理的灵活性和实时性，提高决策效率和竞争力。

（三）重视过去的经营情况

传统财务管理主要关注历史数据的分析和总结，对过去的经营情况进行评估。然而，对未来的预测和规划相对较少，缺乏对市场和竞争环境的动态应对能力。

1.传统财务管理重视过去经营情况的原因

历史数据为决策提供依据。传统财务管理通过记录和归档历史财务数据，形成企业的账务，为后续财务报表的编制和财务分析提供数据依据。过去的经营情况是企业经营活动的直接反映，对了解企业的财务状况和业绩表现至关重要。

会计原则强调真实和客观性。会计原则要求财务报表必须真实、客观反映企业的财务状况和经营成果。历史数据是客观和真实的记录，能够提供可信度较高的财务信息，有助于投资者、股东和债权人评估企业的风险和潜在回报。

了解经营趋势和问题。通过对比不同时间段的财务报表，管理者可以发现企业的经营趋势和问题所在。这些趋势和问题对企业的决策和规划具有重要指导意义，有助于优化经营策略和提高盈利能力。

2.传统财务管理在未来预测和规划方面的不足

缺乏准确的预测模型。传统财务管理主要依赖历史数据进行分析和决策，而未来的市场变化和竞争环境往往是不确定的。传统方法很难准确预测未来的市场趋势和消费者需求，无法满足企业管理者在快速变化的市场中做出及时决策的需求。

信息处理效率有限。传统财务管理需要将大量财务数据手工记录、整理和核算，这会导致财务信息的生成和报表编制耗费大量时间。对实时的数据需求和灵活的数据分析，传统财务管理存在一定的局限性，无法满足企业管理者快速做出决策的需求。

缺乏全面的数据支持。传统财务管理主要关注财务数据，而忽视其他非财务数据的重要性。然而，企业的决策需要综合考虑财务数据、市场数据、竞争数据等多个方面的信息，以全面了解企业的经营环境和竞争状况。

（四）信息孤立

传统财务管理中，财务数据和其他业务数据往往是孤立存在的，各个部门之间缺乏有效的信息共享和数据整合，影响了全面的企业管理决策。

1.传统财务管理中信息孤立的原因

数据来源分散。在传统财务管理中，财务数据和业务数据通常由不同的部门负责记录和管理，导致数据来源分散，数据格式和标准不统一，难以实现数据的无缝对接和整合。

数据存储方式不统一。财务数据和其他业务数据可能存储在不同的数据库系统或文件中，这些数据存储方式不统一，造成了数据难以共享和整合的问题。

"信息孤岛"。不同部门往往会形成"信息孤岛"，各自拥有独立的数据和信息系统，缺乏有效的信息交流和共享渠道，导致数据无法共享和交互。

2.传统财务管理中信息孤立的影响

信息不准确。信息孤立导致财务数据和其他业务数据无法及时整合，从而会影响财务报表和业务报告的准确性，给企业带来误导和决策偏差。

决策滞后。由于信息孤立，企业无法及时获取全面的数据支持，决策往往滞后于市场变化和竞争动态，从而会影响企业的竞争力和市场机会把握。

低效管理。信息孤立导致企业在数据处理和信息共享方面存在冗余和重复工作，从而会增加管理成本，降低管理效率。

（五）侧重财务表面指标

传统财务管理主要关注财务报表上的表面指标，如营业收入、利润率、资产负债比率等，这些指标是评估企业财务状况和经营绩效的重要依据。然而，传统财务管理忽视了其他非财务因素对企业绩效的影响，不能全面反映企业的竞争优势和综合绩效。

1.传统财务管理侧重财务表面指标的原因

（1）易于量化和比较

传统财务管理侧重财务表面指标的原因之一是这些指标的易于量化和比较。财务表面指标是通过对财务数据的简单数值计算得出的，如营业收入、净利润、资产总额等。这些指标都是以具体的数字形式呈现，可以很方便地量化，使得企业可以对自身的财务状况进行定量分析。同时，这些指标是标准化的，不同企业可以采用相同的计算方法，从而实现绩效对比和竞争分析。

例如，营业收入是一个重要的财务表面指标，它可以通过将某一时期内的销售额相加得出。对不同企业来说，营业收入的计算方式都是一样的，因此可以方便地将企业的营业收入与其他竞争对手进行比较，了解企业在市场中的地位和竞争优势。

（2）法律和监管要求

财务报表是企业向外界披露财务状况的主要方式，也是法律和监管部门评估企业合规性的重要依据。在许多国家和地区，企业必须按照一定的会计准则和规范编制财务报表，并在规定的时间内向相关部门披露这些报表。这些报表主要包括资产负债表、利润表和现金流量表等，这些表格中的财务表面指标成为监管机构和投资者了解企业财务状况的重要依据。

虽然易于量化和比较以及法律和监管要求是传统财务管理侧重财务表面指标的主要原因，但应该认识到这种做法存在一定的局限性。财务表面指标虽然可以提供对企业财务状况的一定了解，但不能全面反映企业的绩效和竞争优势。因此，现代企业越来越意识到需要综合考虑财务与非财务因素，引入智能财务管理模式来提高企业绩效评估的全面性和准确性。

2.传统财务管理侧重财务表面指标的局限性

（1）忽视非财务因素

传统财务管理侧重财务表面指标，往往会忽视其他非财务因素对企业绩效的影响。财务表面指标主要包括营业收入、净利润、资产总额等，这些指标主要反映了企业在特定时间段内的财务状况和业绩。然而，企业的长期竞争优势和可持续发展不仅仅依赖财务指标，还会受到许多非财务因素的影响。

例如，客户满意度是一个重要的非财务因素。一个企业的业绩和财务表现可能非常好，但如果客户对其产品或服务不满意，长期来看，这个企业可能会失去市场份额，影响其竞争地位。同样，员工士气和团队合作精神也是非常关键的因素。如果企业的员工士气低落，团队合作不够紧密，可能会导致生产效率下降，从而影响企业的经营绩效。

除了客户满意度和员工士气，品牌价值也是一个重要的非财务因素。企业的品牌价值在很大程度上决定了其产品或服务在市场中的认知度和接受度。一家拥有强大品牌价值的企业，即使面临激烈竞争，也能更好地吸引客户并留住客户。

（2）不能全面反映绩效

另一个传统财务管理侧重财务表面指标的局限性是不能全面反映企业的绩效。财务表面指标主要反映了企业在特定时间段内的财务状况和经营绩效，如净利润的增长率、资产总额的变化等。虽然这些指标对了解企业的短期经营情况和财务状况非常有用，但不能完整地反映企业的综合绩效和长期价值创造能力。

企业的竞争优势和核心竞争力往往来自非财务因素，如创新能力、品牌形象、技术水平、人才队伍等。这些因素在传统财务管理中未能得到充分体现。例如，一家拥有强大研发能力和创新能力的企业，可能会推出更具竞争力的产品，以吸引更多客户，从而在未来获得更大的市场份额和利润增长。然而，这种创新能力在财务报表中是很难直接体现出来的。

因此，现代企业在追求长期竞争优势和可持续发展时，需要综合考虑财务与非财务因素，引入更为全面的绩效评估体系，如智能财务管理模型。这样的绩效评估体系可以更好地反映企业的综合绩效，帮助企业管理者做出更具战略意义的决策。

（六）人工成本较高

传统财务管理依赖大量的手工操作，需要财务人员进行数据的录入、核对和整理，这样的人工成本较高。同时，手工操作可能出现人为错误，导致财务数据的准确性受到影响。

1. 录入和整理财务数据的手工操作

在传统财务管理中，财务人员需要手动录入和整理大量的财务数据，包括交易记录、收支明细、账户余额等。这些数据通常以纸质或电子表格的形式存在，财务人员需要逐笔进行录入和整理。这样的手工操作非常繁琐且耗时，需要大量的人力资源投入，导致人工成本较高。

2. 数据核对和审核的手工工作

为了确保财务数据的准确性，财务人员需要进行数据核对和审核。这包括比对账户余额、核对交易记录、确认收支信息等。由于数据的复杂性和数量庞大，财务人员需要耗费大量时间和精力来进行核对和审核，从而会增加人工成本。

3. 财务报表的手工编制

传统财务管理中，财务报表如资产负债表、利润表、现金流量表等需要手工编制。财务人员需要从财务数据中提取相关信息，并按照会计准则和规范进行报表的编制。这需要高度的专业知识和准确性，同时也会增加财务人员的工作负担和人工成本。

4. 人为错误对财务数据的影响

由于手工操作存在人为因素，财务数据的准确性容易受到影响。财务人员可能在录入数据时出现错误，如数字输入错误、遗漏数据、错位等。这些错误可能导致财务数据的不准确，进而影响企业的决策和经营活动。

因此，传统财务管理依赖手工操作的特点会导致产生较高的人工成本，并且存在人为错误的风险。为了提高财务管理的效率和准确性，许多企业开始转向智能财务管理模型的应用。智能财务管理模型可以实现自动化的数据录入和处理，减少手工操作，降低人工成本，并提高财务数据的准确性和及时性。

第二节　智能财务管理的理论框架和创新点

智能财务管理的创新点在于引入先进的技术手段，将人工智能、大数据分析、云计算和区块链等技术与财务管理相结合，实现对财务数据的智能处理和决策。相较传统财务管理，智能财务管理具有以下创新点：

一、数据驱动的决策模型

智能财务管理采用数据驱动的决策模型，通过大数据分析和机器学习技术，从海量的财务数据中提取有价值的信息和规律。传统财务管理通常依赖人工处理和分析财务数据，容易受到主观因素的影响，而智能财务管理的数据驱动模型能够自动发现数据中的趋势和关联，帮助企业管理者做出更准确的决策。

（一）大数据分析的应用

智能财务管理借助大数据分析技术，能够处理和分析海量的财务数据。传统财务管理通常只能处理有限的数据量，而智能财务管理能够处理更多、更复杂的数据，从而使管理者可以更全面地了解企业的财务状况和业务运营情况。

财务数据处理和整合。智能财务管理系统通过大数据技术能够高效地处理和整合海量的财务数据。这包括从不同部门、系统和来源收集、整合和清洗财务数据，以确保数据的准确性和完整性。

财务指标分析。通过大数据分析，智能财务管理可以深入分析各种财务指标，包括营收、利润率、资产负债比等，以揭示企业财务状况的趋势和关联。这有助于财务人员更好地理解企业的财务状况和经营绩效。

风险评估与预测。大数据分析可以帮助智能财务管理系统对企业的财务风险进行评估和预测。通过挖掘历史数据和行业趋势，系统可以发现潜在的风险，并提供预警，使企业能够及早采取措施避免风险发生。

资金流动和预测。智能财务管理利用大数据分析技术对企业的资金流动进行实时监控和预测。这有助于企业更好地管理资金，并在必要时进行资金的调配和优化。

成本管理与资源优化。通过大数据分析，智能财务管理系统可以对企业成本进行细致的分析和优化。系统可以帮助企业识别成本产生的主要来源，从而优化资源配置，提高运营效率。

跨平台数据整合。智能财务管理系统可以整合来自不同平台和数据源的财务信息，包括企业内部的 ERP 系统、CRM 系统，以及来自供应商、客户等外部数据。通过跨平台数据整合，系统可以为管理者提供更全面的财务分析和决策支持。

总的来说，大数据分析在智能财务管理中的应用，使得企业管理者能够更全面、准确地了解财务状况和业务运营情况，从而做出更明智的决策，优化资源配置，从而提高企业竞争力和可持续发展能力。

（二）智能模型的建立

智能财务管理利用机器学习算法建立智能模型，可以从历史数据中学习和挖掘规律。这些智能模型能够预测未来的财务趋势和风险，帮助企业管理者提前做好预防和决策。

数据收集与清洗。智能财务管理系统需要收集大量的历史财务数据，包括交易记录、财务报表、成本支出等。这些数据可能来自不同部门和系统，需要进行清洗和整合，以保证数据的质量和一致性。

特征工程。在数据清洗后，需要进行特征工程，即从原始数据中提取有价值的特征。这些特征将作为输入，用于智能模型的训练和预测。

选择模型。根据具体的问题和数据特点，智能财务管理可以选择合适的机器学习算法。常用的机器学习算法包括线性回归、决策树、随机森林、支持向量机、深度学习等。

模型训练。使用历史数据对选定的机器学习算法进行训练。训练过程中，系统将数据分为训练集和测试集，通过反复调整模型的参数，使得模型能够在训练数据中得到较好的拟合效果。

模型评估与优化。完成模型训练后，需要对模型进行评估和优化。使用测试集对模型进行验证，评估模型的性能和准确性。如果模型效果不理想，可以通过调整算法、增加特征等方式进行优化。

通过建立智能模型，智能财务管理可以更加准确地预测未来的财务趋势和风险，帮助企业管理者做出及时决策，提高财务管理的效率和精确度，为企业的发展提供有力支持。

（三）准确性和可靠性提升

传统财务管理往往受到人为因素的干扰，决策结果可能不够准确和可靠。智能财务管理的数据驱动决策模型减少了人为干预，更加客观和科学，提高了决策的准确性和可靠性。

客观性和科学性。智能财务管理模型采用数据驱动的方式，减少了主观因素的干扰，使决策更加客观和科学。模型通过大数据分析和机器学习算法，从海量的财务数据中提取有价值的信息和规律，而不依赖于个人经验或主观判断。

更全面的数据考虑。智能财务管理模型能够处理更多、更复杂的数据，包括财务数据、市场数据、行业数据等，从多个维度综合考虑企业的财务状况和业务运营情况。相比传统财务管理，智能模型能够提供更全面的数据支持，使决策更加全面和精准。

预测能力。智能财务管理模型建立在历史数据的基础上，具有一定的预测能力。通过学习历史数据的趋势和规律，模型可以预测未来的财务趋势和风险，帮助企业管理者做出提前应对和规划，增强决策的前瞻性和灵活性。

智能财务管理的数据驱动决策模型在准确性和可靠性方面具有显著的优势，有助于企业管理者更加精准地做出决策，提高财务管理的效率和决策的可靠性，为企业的发展提供有力支持。

二、实时监控与预警

智能财务管理具备实时监控和预警功能，能够对企业的财务状况进行实时跟踪和分析。传统财务管理通常是基于历史数据的总结和分析，无法及时捕捉到潜在的风险和问题。而智能财务管理通过实时监控，可以更早地发现异常情况，提供及时预警，帮助企业管理者采取相应措施，降低风险。

（一）即时反馈

智能财务管理系统的即时反馈功能使企业管理者能够实时了解财务状况，发现问题并迅速做出反应。例如，在传统财务管理中，需要等到月末或季末进行财务报表的编制和审核，才能了解企业在过去一段时间内的财务状况。然而，随着市场的快速变化和竞争的加剧，这种延迟的反馈可能导致企业错失及时应对的机会。

智能财务管理系统实现了数据的实时采集和处理，能够在任何时刻追踪企业的财务活动。例如，当某个产品的销售量突然下降时，系统可以立即发出预警，让企业管理者可以第一时间调查原因并采取相应措施，可能是由于竞争对手的新产品推出，或是市场需求发生了变化。通过及时反馈，企业管理者可以更加敏锐地应对市场变化，降低经营风险。

（二）风险识别

智能财务管理系统通过大数据分析和机器学习技术，能够识别出潜在的风险和问题，帮助企业避免潜在的财务风险。传统财务管理通常只能基于有限的历史数据进行分析，而智能财务管理利用大数据技术可以处理更多的数据，可以发现更为微妙和复杂的趋势及关联。

例如，在电子商务行业，智能财务管理系统可以监测到某个销售渠道中的退货率明显增加。通过大数据分析，系统可能发现这一现象与某一批次的产品质量问题相关。在传统财务管理中，这种关联可能被忽略或需要花费大量时间和人力进行分析，智能财务管理系统则能够更快速地识别到这个问题，并提出预警，帮助企业及时停止销售该批次产品，避免带来可能产生的财务损失和声誉影响。

（三）协助决策

智能财务管理系统的实时监控和预警功能，有助于企业管理者做出明智的财务决策。在传统财务管理中，决策通常基于历史报表和统计数据，而这些数据可能已经过时或无法准确预测未来的市场变化。

例如，企业考虑是否进军新的市场，传统财务管理可能只能依赖历史的销售数据和财务报表为企业管理者做出决策支持。智能财务管理系统可以结合实时监控数据和大数据分析，评估新市场的潜在风险和机遇，预测未来的销售趋势，从而为管理者决策提供更全面的信息支持。这样的决策支持可以帮助企业避免盲目决策和减少不确定性，为企业的战略规划提供更可靠的指导。

（四）提高反应速度

智能财务管理的实时监控和预警功能大幅缩短了企业的应对时间。传统财务管理中，财务数据的处理和报表的编制需要花费大量时间，导致企业管理者在面对突发事件或市场变化时无法迅速做出反应。智能财务管理通过数据的实时监控和预警功能，可以及时捕捉到潜在的风险和问题，从而使企业管理者能够更快速地做出应对措施。例如，当智能财务管理系统发现某个产品的销售量骤减或者某个部门的成本异常增加时，系统会立即发出预警通知相关负责人。这样，企业管理者可以在第一时间调查原因，采取措施来解决问题，避免损失进一步扩大。

传统财务管理的反应速度受限于人工处理的速度，可能需要花费几天甚至几周的时间才能获得完整的财务数据和报表。然而，智能财务管理的实时监控和预警功能可以在短时间内收集并分析大量的财务数据，实现实时的监控和分析。这种实时性的提升让企业管理者能够更迅速地做出决策和行动，从而会有效地降低风险和损失。

通过实时反馈、风险识别、协助决策和提高反应速度等功能，智能财务管理使企业能够更加敏锐地把握市场变化，及时发现潜在的风险和问题，并做出更明智的决策。这为企业的稳健经营和可持续发展提供了强有力的支撑。同时，智能财务管理的实时监控和预警功能也为企业在竞争激烈的市场环境中保持竞争优势提供了可能。

总的来说，智能财务管理的实时监控与预警功能使得企业管理者能够更加及时地了解财务状况和风险，提高管理决策的准确性和效率。这一创新点为企业带来了更加灵活和敏捷的财务管理方式，有助于持续提升企业的竞争力和发展能力。

三、多维度的绩效评估

传统财务管理主要依赖财务表面指标来评估企业的绩效，如营业收入、净利润、资产回报率等。虽然这些指标在衡量企业的财务状况和短期经营绩效方面非常重要，但它们并不能全面反映企业的综合绩效和长期竞争优势。

智能财务管理引入多维度的绩效评估体系，除了关注财务表面指标，还会考虑其他非财务因素的影响。

（一）客户满意度

智能财务管理将客户满意度纳入绩效评估体系，通过调查、反馈和数据分析等方式衡量客户对企业产品和服务的满意程度。客户满意度是企业成功的关键因素之一，他们更有可能成为忠实客户，推荐他人购买产品或服务。

（二）员工士气

智能财务管理关注员工的工作满意度和情感投入，因为员工是企业最宝贵的资源之一。高士气的员工更有动力提高工作效率和质量，他们会对企业的业绩和形象产生积极影响。

（三）品牌价值

智能财务管理会综合考虑企业的品牌价值和品牌影响力。品牌是企业的重要资产之一，良好的品牌形象可以带来消费者信赖和忠诚度，从而提高销售额和扩大市场份额。

（四）环境责任

智能财务管理会考虑企业的环境责任和社会影响。企业的可持续发展与其对环境的贡献密切相关，对环境友好的企业更受消费者和投资者的认可。

引入多维度的绩效评估体系使企业管理者能够更全面地了解企业的绩效和竞争优势。通过综合考虑财务和非财务因素，智能财务管理能够为企业管理者提供更准确、全面的决策支持，帮助企业管理者制订更符合实际情况和长远发展的战略和计划。同时，多维度的绩效评估体系也有助于企业管理者发现潜在的问题和改进空间，促进企业营销方案不断优化和提高绩效水平。

第三节　智能财务管理与传统财务管理的区别和优势

一、数据处理方式的比较

传统财务管理依赖人工处理和分析财务数据，而智能财务管理采用自动化技术和数据驱动的决策模型。

（一）传统财务管理的特点

人工处理。传统财务管理主要依赖会计人员手工录入、整理和核对财务数据。这种方式耗费时间和人力资源，容易出现疏漏和错误。

有限数据处理能力。传统财务管理在处理大量财务数据时效率较低，处理的数据规模受限，无法处理大规模的数据集。

受限的数据分析能力。传统财务管理往往只能进行简单的数据分析，难以从海量数据中挖掘有价值的信息和规律。

（二）智能财务管理的优势

自动化处理。智能财务管理采用自动化技术，能够自动处理大量财务数据，从数据清洗、整合到分析和预测，减少了繁琐的手工操作，大大提高了数据处理的效率和准确性。

大数据处理能力。智能财务管理能够处理大规模的财务数据，包括历史数据、实时数据和未来预测数据，从而提供更全面的财务信息和决策支持。

数据驱动的决策模型。智能财务管理利用数据驱动的决策模型，从海量财务数据中学习和挖掘规律，能够预测未来趋势和风险，帮助企业管理者做出更准确的决策。

通过自动化处理和数据驱动的决策模型，智能财务管理能够更高效、准确地处理大量财务数据，并提供更全面的财务信息和决策支持，帮助企业管理者更好地把握财务状况和市场动态，优化运营方案，提高企业竞争力和可持续发展能力。

二、决策模型的比较

智能财务管理和传统财务管理在决策模型方面的区别和优势如下：

（一）传统财务管理的特点

主观判断。传统财务管理的决策主要依赖会计人员的经验和主观判断。这种决策方式容易受到主观因素的影响，可能导致决策结果不够准确和可靠。

有限的数据支持。传统财务管理通常只能依靠历史财务数据进行决策，无法充分利用其他非财务数据的支持，限制了决策的全面性和准确性。

缺乏预测能力。传统财务管理往往只能对已发生的财务状况进行总结和评估，缺乏对未来趋势和风险的预测能力。

（二）智能财务管理的优势

数据驱动决策。智能财务管理采用数据驱动的决策模型，利用大数据分析和机器学习技术，从海量财务数据中提取有价值的信息和规律。这样的决策模型更加客观、科学，减少了主观判断的影响，提高了决策的准确性和可靠性。

多维度评估。智能财务管理引入多维度的绩效评估体系，不仅关注财务表面指标，还考虑其他非财务因素的影响，如客户满意度、员工士气、品牌价值等。这种综合性的评估体系能更全面地反映企业的绩效和竞争优势。

预测未来趋势。智能财务管理的决策模型具有预测能力，可以从历史数据中学习和预测未来的财务趋势和风险。这样的预测能力可以帮助企业管理者提前做好预防措施和决策，降低潜在风险。

采用数据驱动的决策模型，智能财务管理能够更加客观、科学地进行决策，减少主观因素的干扰，提高决策的准确性和可靠性。同时，多维度的绩效评估和预测未来趋势的能力，使企业管理者能够更全面地了解企业状况和市场动态，为其决策提供更有力的支持。

三、实时监控与预警的比较

（一）传统财务管理的特点

历史数据为主。传统财务管理通常依赖历史数据的总结和分析，财务报表一般是按照固定的时间间隔（如月度或季度）进行编制，无法实时反映企业的最新财务状况和经营活动。

无法及时预警。由于传统财务管理对财务数据的处理和分析需要时间，因此往往无法及时识别到潜在的风险和问题。这可能导致企业管理者在面临重要决策时缺乏及时的预警和反应能力。

（二）智能财务管理的优势

实时监控。智能财务管理具备实时监控功能，可以对企业的财务数据进行实时跟踪和分析。这意味着财务数据的变化和异常情况可以及时被察觉，无须等待财务报表的编制和分析出来。

及时预警。智能财务管理通过数据驱动的决策模型和大数据分析技术，能够快速识别出潜在的风险和问题，并及时发出预警通知。这样的预警能力使企业管理者能够更早地发现潜在风险，并采取相应措施，以减少损失和风险。

帮助决策。实时监控和预警功能可以为企业决策提供重要支持。在面临重要的财务决策时，智能财务管理系统可以通过即时的数据分析和预警，提供关键的信息，帮助管理者做出明智的决策。

智能财务管理能够实时跟踪和分析财务数据，及时发现潜在的风险和问题，并提出预警通知，使企业管理者能够更迅速地做出反应，以减少风险和损失。同时，实时监控和预警功能可以为企业决策提供重要支持，帮助企业管理者在关键时刻做出明智的决策。

四、绩效评估的比较

（一）传统财务管理的特点

侧重财务表面指标。传统财务管理主要依赖财务报表中的表面指标，如净利润、销售收入、资产总额等，作为评估企业绩效的主要依据。这些指标是标准化的财务数据，相对容易量化和比较，但忽视了其他非财务因素对企业绩效的影响。

狭隘视角。传统财务管理往往以短期经营绩效为重点，较少关注企业长期价值创造能力和核心竞争力。这使得评估的视角较为狭隘，无法全面反映企业的绩效和潜在优势。

（二）智能财务管理的优势

多维度的绩效评估。智能财务管理引入多维度的绩效评估体系，不再仅仅依赖传统财务指标。除了关注财务表面指标，智能财务管理还会考虑其他非财务因素的影响，如客户满意度、员工士气、品牌价值等。这种综合性的评估体系能更全面地反映企业的绩效和竞争优势。

更全面的评估视角。智能财务管理更加注重企业长期价值创造和核心竞争力的评估。

通过对多维度的数据分析和绩效评估,智能财务管理可以更好地识别出企业的潜在优势和发展机会,帮助企业管理者制订长远的战略规划。

智能财务管理采用多维度的绩效评估体系,不仅关注财务表面指标,还考虑其他非财务因素的影响,更全面地反映企业的绩效和竞争优势。此外,智能财务管理还强调长期价值创造和核心竞争力的评估,帮助企业管理者制订更具前瞻性的战略规划。这些优势使得智能财务管理能够更全面、准确地评估企业绩效,并为企业的发展提供更有价值的参考。

五、工作效率和成本的比较

(一)传统财务管理的特点

费时费力。传统财务管理通常依赖会计人员手工处理财务数据,包括录入、整理和核对数据等工作。这种人工处理方式导致财务数据的处理速度较慢,特别是在处理大量数据时更为明显。

成本较高。手工处理财务数据需要一定数量的财务人员,增加了企业的人工成本,尤其对规模较大的企业而言,人力资源的成本是不可忽视的开支。

(二)智能财务管理的优势

自动化处理财务数据。智能财务管理采用自动化技术和数据驱动的决策模型,能够自动处理大量的财务数据。通过大数据分析和机器学习技术,智能财务管理系统可以从海量数据中提取有价值的信息和规律,无须人工干预,可以大大提高财务数据的处理效率。

提高工作效率。智能财务管理的自动化处理和数据驱动决策模型减少了人工处理数据的时间,使得财务数据的处理更加高效。财务人员可以将更多时间和精力投入财务分析和决策上,提升工作效率和工作质量。

节约人工成本。智能财务管理的自动化处理能力使得企业可以减少财务人员的数量,从而节约人工成本。虽然实施智能财务管理系统需要一定的投入,但相较长期雇用大量财务人员,智能财务管理在企业长期运营中可以带来更多的节约成本。

智能财务管理的自动化处理能力和数据驱动决策模型可以提高财务数据处理的效率,节约人工成本。这使得企业能够更高效地处理财务数据,减少错误和延误,同时节约人力资源开支。因此,智能财务管理可以在工作效率和成本控制方面为企业带来显著的优势。

总体来说,智能财务管理相对传统财务管理更加高效、准确和全面,能够更好地帮助企业管理者做出明智的决策,提高企业的竞争力和可持续发展能力。然而,智能财务管理的实施也需要面临数据隐私保护、技术投入等挑战,需要企业积极应对。

第五章　大数据在财务数据采集与处理中的应用

第一节　大数据对财务数据采集的影响及带来的挑战

一、大数据对财务数据采集的影响

大数据对财务数据采集产生了深远的影响，从数据来源、数据量到数据质量等方面都发生了重要变化。

（一）数据来源多样化

传统财务数据采集主要依赖企业内部的财务系统和手工记录，数据来源相对有限。大数据时代，企业可以通过各种渠道获取多样化的财务数据。例如，企业通过与供应商、客户和合作伙伴的数据共享，以及从社交媒体、网络交易等非传统渠道获取数据，丰富了财务数据的来源。

1. 实时交易数据来源

随着电子支付、在线交易和移动支付等电子商务的快速发展，大量实时交易数据不断涌现。这些数据包含了海量的财务交易信息，包括销售额、交易类型、支付方式等。通过实时交易数据的采集和分析，企业可以及时地了解销售情况和客户行为，以便及时调整经营策略。

2. 社交媒体数据来源

社交媒体平台成为人们交流和信息传播的重要渠道，其中包含大量与企业相关的数据。通过采集和分析社交媒体数据，企业管理者可以了解公众对企业品牌和产品的评价和反馈，掌握市场舆论动态，以便及时做出调整和应对。

3. 供应链数据来源

企业的供应链涉及大量的物流、库存和供应商等信息。通过采集供应链数据，企业管理者可以实时了解库存状况、物流运输情况和供应商履约能力，从而更好地进行财务预算和成本控制。

（二）数据量的爆发式增长

随着大数据时代的到来，财务数据的数量呈现出爆发式增长的趋势。海量的财务数据包含了丰富的信息，可以从中挖掘出有价值的洞察，为企业管理者决策提供重要支持。

1.数据规模的增加

大数据时代，财务数据的规模呈现出指数级的增长。传统财务管理可能难以应对如此海量的数据，而智能财务管理则可以通过数据驱动的决策模型和自动化处理技术，高效处理大规模的财务数据，并发现其中的规律和趋势。

2.数据多样性的增加

随着数据来源的多样化，财务数据的种类也变得更加丰富。除了传统的财务报表数据，还有非结构化的数据，如文本、图像和音频等。处理这些多样化的数据需要更加灵活和多样化的数据处理技术，这也是智能财务管理的优势之一。

（三）数据质量与准确性

随着数据量的增加和来源的多样化，数据质量和准确性成为一项挑战。在大数据环境下，财务数据中可能包含一些噪声、错误或不完整的信息，这可能对数据分析和决策产生不良影响。

1.数据清洗和校验

为了保证数据质量和准确性，企业管理者需要进行数据清洗和校验工作。这包括剔除重复数据、纠正错误数据、填充缺失数据等步骤。智能财务管理采用自动化技术和数据质量控制算法，可以更有效地进行数据清洗和校验，提高数据质量。

2.数据标准化和一致性

在大数据环境下，数据可能来自不同的系统和部门，数据的格式和结构可能存在差异，导致数据的不一致性。智能财务管理引入数据标准化和一致性措施，确保数据的统一格式和规范，提高数据的准确性和一致性。

3.数据隐私和安全

大数据采集涉及大量的个人和企业敏感信息，如财务账号、交易记录等。确保财务数据的隐私和安全是一项重要挑战。智能财务管理采用加密和权限控制技术，确保数据在采集、传输和存储过程中得到保护，防止数据泄露和被非法访问。

二、大数据对财务数据采集带来的挑战

（一）技术挑战

采集和处理大数据需要强大的计算和存储能力，传统的财务管理系统可能无法满足大数据的处理需求。企业需要投入大量资金和资源来升级现有系统或构建新的数据采集和处理平台。

1.硬件设施升级

大数据的采集和处理需要大量的计算和存储资源。传统的财务管理系统可能无法满足处理大数据需要求，因此企业需要对硬件设施进行升级，以提供更强大的计算和存储能力。这可能涉及购买更多的服务器、存储设备和网络设备，这样会增加企业的投资。

数据中心的建设与扩展。为了满足大数据处理的需求，企业可能需要建设或扩展数据中心。数据中心负责存储和处理大量数据的核心设施，它需要具备高度可靠性和冗余性，以确保数据的安全和稳定性。

云计算和分布式计算。云计算和分布式计算技术是处理大数据的有效方式之一。通过利用云服务提供商的计算和存储资源，企业管理者可以灵活地调配所需的计算资源，根据实际需求来扩展或缩减计算能力，降低成本并提高效率。

2. 数据采集与传输

大数据的采集涉及从多样化的数据源获取数据，并将其传输到中央数据库或数据中心。数据采集和传输过程中可能面临多种挑战。

多样化数据源的连接。在大数据时代，数据可能来自多样化的数据源，如企业内部的财务系统、供应商的数据库、社交媒体平台等。连接这些多样化的数据源可能涉及不同的数据格式和协议，需要采用适应性强的数据集成技术。

数据传输的速度和稳定性。大数据的传输可能涉及大量的数据量，传输速度和稳定性成为重要的考虑因素。企业需要确保数据传输的速度足够快，以便及时获取最新的财务数据。同时，要保证数据在传输过程中的稳定性，防止数据丢失或传输错误。

实时数据采集。在某些场景下，企业需要实时采集数据，以及时了解财务状况和市场动态。实时数据采集涉及对数据的实时捕获和传输，从而会对数据采集系统的性能和可靠性提出更高的要求。

（二）数据安全挑战

随着大数据的存储和传输，财务数据面临更大的安全风险。黑客攻击、数据泄露等安全威胁可能会导致出现重大的财务损失和信任问题。因此，确保财务数据的安全和隐私成为一项重要的挑战。

1. 数据安全威胁的增加

随着大数据的存储和传输，财务数据面临着越来越多的安全威胁。黑客攻击、数据泄露、勒索软件等安全事件时有发生，这些会对企业的财务数据构成严重的威胁。

黑客攻击。黑客攻击是指未经授权访问企业系统或网络，窃取敏感信息的行为。财务数据作为企业最重要的资产之一，往往是黑客攻击的主要目标。黑客可能通过网络钓鱼、网络病毒、DDoS 攻击等方式侵入企业系统，获取财务数据，导致出现财务信息泄露、数据丢失或被篡改等问题。

数据泄露。数据泄露是指未经授权的情况下，财务数据被泄露给外部人员或机构。数据泄露可能由内部员工的失误、不当行为或恶意行为引起，也可能是由外部黑客攻击造成。无论是内部还是外部的数据泄露，都会导致出现企业财务数据的安全风险。

勒索软件。勒索软件是一种通过加密或控制企业数据，然后勒索企业支付赎金以解密或释放数据的恶意软件。如果企业不支付赎金，财务数据就可能被永久性损坏或丢失。勒索软件的攻击会对企业的财务安全构成巨大威胁。

2.数据隐私问题

在大数据环境下，财务数据涉及大量的个人和企业敏感信息，如财务账号、交易记录等。确保财务数据的隐私得到保护，防止未经授权地访问和使用，这是一项重要的挑战。

数据共享和合作。在大数据时代，企业之间可能会进行数据共享和合作，以获取更多的财务数据，从而做出更准确的决策。然而，数据共享涉及财务数据的传递和交换，需要确保数据在共享过程中得到安全保护，避免数据泄露和滥用。

境内外数据传输。对跨国企业来说，财务数据可能需要在不同国家和地区之间进行传输。这涉及不同国家和地区的数据隐私法规和标准。企业需要确保在数据传输过程中符合相关法规要求，防止数据在传输过程中受到非法访问或被窃取。

3.数据备份与恢复

为了防止数据丢失和意外情况的损失，企业需要建立数据备份和恢复策略。数据备份将财务数据复制到安全的存储设备或云平台，以防止数据丢失。当数据恢复可以确保在灾难事件发生时，企业可以及时恢复数据和维持业务运营。

定期数据备份。企业需要建立定期的数据备份策略，确保财务数据在固定时间间隔内进行备份。这样，即使在数据丢失或损坏的情况下，企业可以通过备份文件快速恢复财务数据。

备份数据的安全存储。备份数据需要存储在安全的地方，防止数据被未经授权的人访问。通常，备份数据应存储在安全的数据中心或云服务商的加密存储空间中，以确保备份数据的安全性。

数据恢复测试。仅有备份数据是不够的，企业还需要进行数据恢复测试，以确保在灾难事件发生时能够有效地恢复财务数据。数据恢复测试可以帮助企业评估备份系统的可靠性和有效性，并及时发现在备份过程中可能存在的问题，提高数据恢复的成功率。

容灾计划与紧急响应。为了应对突发和灾难事件，企业需要制定容灾计划和紧急响应策略。容灾计划涉及不同灾难情景下的数据备份和恢复策略，紧急响应策略则包括灾难事件发生后的应对措施。通过制定细致的容灾计划和紧急响应策略，企业可以在最大限度地减少财务数据损失和停业时间。

（三）人才挑战

大数据采集和处理需要专业的数据科学家、数据工程师等人才。在大数据时代，企业需要吸引和培养相关人才，以应对财务数据采集和处理带来的挑战。

1.人才需求与供给不平衡

随着大数据技术的迅速发展，对数据科学家、数据工程师、数据分析师等专业人才的需求日益增长。然而，目前市场上相关人才的供给仍然相对不足，导致企业在招聘和留用人才时面临困难。尤其是对中小企业来说，由于资源有限，难以吸引和留住高端的数据专家。

2. 多领域知识要求

大数据处理涉及多领域的知识，不仅需要掌握高级的数据分析和机器学习技术，还需要了解财务业务流程和相关的法律法规。数据科学家和数据工程师需要在财务领域和数据科学领域之间建立桥梁，将复杂的数据技术应用到实际的财务业务中。这就要求相关人才具备广泛的知识背景和跨领域的能力。

3. 培训与发展机会

由于大数据领域的快速发展，相关技术和工具也在不断更新和演进。企业需要提供持续的培训和发展机会，确保员工掌握最新的数据技术和工具。此外，企业还需要制定晋升和薪酬体系，为优秀的数据专家提供良好的发展前景，以吸引和留住人才。

4. 团队协作与沟通

财务部门和数据科学家团队往往有不同的工作方式和专业背景，沟通和协作可能面临挑战。为了确保财务数据采集和处理的顺利进行，企业需要建立跨部门的合作机制，促进财务人员团队与数据人员团队之间的有效沟通和协作。

5. 激励与奖励机制

为了吸引和留住优秀的数据专家，企业需要建立有效的激励和奖励机制。这可以包括提供竞争力的薪酬福利、提供晋升机会、推动创新项目等。激励和奖励机制可以激发员工的积极性和创造力，促进财务数据采集和处理工作的持续优化。

为了应对这一挑战，企业需要加强对专业人才的招聘和培训，提供持续的发展机会，建立跨部门的合作机制，并建立激励和奖励机制，以吸引和留住优秀的数据专家，保障财务数据采集和处理的高效进行。

通过应对技术、安全、隐私、数据治理和人才等方面的挑战，智能财务管理能够更好地利用大数据，提升财务数据的采集效率和质量，为企业决策提供更准确的支持。

第二节　大数据技术在财务数据清洗和整合中的应用

大数据技术在财务数据清洗中发挥着重要的作用，能够处理大量复杂的财务数据，提高数据清洗的效率和准确性。

一、数据清洗步骤

数据清洗是一个多步骤的过程，通常包括以下步骤：

（一）数据采集和获取

数据采集是数据清洗的第一步，它涉及从各种数据源中收集和获取财务数据。这些数据源包括企业内部的财务系统、银行交易记录、供应商账单、销售定单、采购数据等。不同数据源之间可能存在数据格式的差异，数据的结构和表示方式可能各不相同，这会导致数据的不一致性和不完整性。因此，在数据采集过程中，需要确保数据的准确性和完整性，同时要考虑数据的来源和可靠性。

例如，一个企业想要进行财务数据清洗，首先就需要从财务系统中导出资产负债表和利润表等财务报表数据，同时从银行获取交易记录和现金流数据，从供应商获取账单和付款数据，从销售系统获取销售订单和收款信息，从采购系统获取采购订单和付款信息等。

（二）数据预处理

在数据采集后，通常会出现一些数据质量问题，如数据的缺失、重复和错误值。数据预处理就是为了解决这些问题，确保数据的质量和一致性。预处理包括以下几个方面：

数据去重。去除重复的数据记录，以避免在后续的数据处理中对重复数据进行多次计算，从而节省时间和资源。

数据填充。对缺失的数据，需要进行填充，可以通过插值、均值、中值等方法来填充缺失值，以确保数据的完整性和准确性。

数据转换。不同数据源可能使用不同的数据格式和单位，需要将数据转换为统一的格式，以便后续的数据整合和分析。

例如，在数据采集后，可能会发现同一笔交易记录在多个数据源中都存在，这就需要进行数据去重。同时，某些交易的金额可能没有记录，需要进行数据填充，可以根据相邻交易的金额进行插值来填充缺失值。此外，数据转换可以将不同币种的金额转换为统一的货币单位，便于后续的数据整合和分析。

（三）数据清理

数据清理是数据清洗的关键步骤，它主要涉及识别和处理数据中的错误和异常值。数据中的错误和异常值可能是由于录入错误、传输错误、系统故障等原因造成的，如果不及时处理，这些错误和异常值会影响后续的数据分析和决策。

异常值检测。大数据技术可以通过数据分析和模式识别来检测异常值，如利用统计方法和机器学习算法来识别与正常数据分布明显偏离的数据点。

异常值处理。一旦发现异常值，就需要采取相应的处理措施，如可以选择删除异常值、进行数据修正或使用插值等方法来处理。

例如，在财务数据中，某个月份的销售额明显异常高出其他月份，这可能是由于录入错误或数据传输错误导致的，就需要对这个异常值进行处理，可以进行数据修正或使用相邻月份的销售额进行插值。

（四）数据整合

在数据清理后，需要将多个数据源的数据整合在一起，形成统一的数据集。数据整合是数据清洗的最后一步，它涉及将不同数据源的数据合并，并确保数据的一致性和准确性。

数据合并。数据整合的关键是将不同数据源的数据合并为一个统一的数据集，如可以通过数据链接、数据合并等方法来实现。

数据一致性。在数据整合过程中，需要确保数据的一致性，即不同数据源中的数据要能够正确对应和匹配，确保数据合并后的完整性和准确性。

数据校验。在数据整合过程中，需要进行数据校验，以确保数据的准确性和完整性。如可以使用校验和、数据对比等方法来验证数据的正确性。

例如，假设一个企业有多个分支机构，每个分支机构都有自己的财务系统，包括收入、支出、资产等数据。在数据整合阶段，需要将这些分支机构的数据合并为一个统一的财务数据集。通过数据链接和数据合并，将各个分支机构的数据整合到一个数据表中，并确保数据的一致性和准确性。

在大数据技术的支持下，财务数据清洗和整合的过程变得更加高效和精确。传统的财务数据清洗和整合通常需要耗费大量时间与人力，而大数据技术能够自动化地处理大量数据，提高数据处理的速度和准确性，从而为企业的财务管理和决策提供更可靠的数据基础。

然而，要实现高效的财务数据清洗和整合，就仍然面临一些挑战。首先，不同数据源之间的数据格式和结构可能存在差异，这需要在数据整合过程中进行适当的数据转换和处理。其次，大数据的存储和处理需要强大的计算和存储能力，企业需要投入大量资金和资源来构建适用的数据采集和处理平台。最后，数据清洗和整合涉及大量敏感的财务数据，数据安全和隐私保护是一个重要的考虑因素，企业必须采取有效的安全措施来保护财务数据的安全性，防止数据泄露和黑客攻击。

大数据技术在财务数据采集、清洗和整合中发挥着重要作用，可以提高数据处理的效率和准确性，为企业的财务管理和决策提供更可靠的数据支持。然而，在应用大数据技术的过程中，仍然需要克服技术、安全和人才等方面的困难，确保财务数据的质量和安全性。只有克服这些挑战，大数据技术才能真正发挥其在财务管理中的优势，为企业带来更大的价值和竞争优势。

二、大数据技术在财务数据清洗中的应用

大数据技术在财务数据清洗中发挥着重要的作用，主要体现在以下方面：

（一）数据清洗自动化

传统财务数据清洗通常需要人工处理，耗时多且容易出错。大数据技术可以实现数据清洗的自动化处理，通过编写清洗规则和算法，实现对数据的自动清洗。这样可以大大提高数据清洗的效率和准确性，同时减少人为错误的发生。

数据清洗规则的制定。在大数据技术中，管理者可以根据财务数据的特点和需求，制定一系列数据清洗规则。这些规则可以涵盖数据去重、缺失值处理、异常值检测和处理等方面。通过制定清洗规则，可以自动化地对财务数据进行初步的处理和筛选。

数据清洗算法的应用。大数据技术可以使用各种数据清洗算法来处理财务数据。例如，可以使用聚类算法来识别和处理异常值，使用插值算法来填充缺失值，使用模式识别算法来检测重复数据等。这些算法能够自动识别数据中的问题，并进行相应的清洗处理。

批量处理和并行处理。大数据技术具有强大的计算和处理能力，可以批量处理大量的

财务数据。通过并行处理，可以同时对多个数据进行清洗，提高数据处理的速度和效率。

数据质量监控。大数据技术可以实时监控数据的质量，对数据进行实时的质量评估和反馈。如果发现数据质量有问题，系统可以自动发出预警，提示财务人员进行相应的处理和调整。

数据整合和归一化。大数据技术可以将来自不同数据源的财务数据进行整合和归一化，确保数据的一致性和统一性。这样可以消除数据中的冗余和不一致，为后续的数据分析和决策提供更可靠的数据基础。

数据可视化。大数据技术可以将清洗后的财务数据以可视化的形式展现，帮助财务人员更直观地了解数据的情况。通过数据可视化，财务人员可以快速发现数据中的异常和趋势，提高数据分析的效率和准确性。

数据自动化更新。大数据技术可以实现数据的自动化更新，及时获取最新的财务数据。这样可以保持数据的实时性，确保数据分析和决策的准确性与及时性。

总的来说，大数据技术在财务数据清洗中的应用可以实现数据清洗的自动化处理，提高数据处理的效率和准确性，同时减少人为错误的发生。这样可以为企业的财务管理和决策提供更可靠的数据支持，帮助企业管理者更好地把握经营状况和发展趋势。然而，在应用大数据技术的过程中，仍然需要保障数据的安全和隐私，确保数据的质量和可靠性。只有在综合考虑技术、安全和数据质量等方面的要求，大数据技术才能真正发挥其在财务数据清洗中的优势。

（二）异常检测和处理

大数据技术可以通过数据分析和模式识别来检测异常值，帮助及时发现数据中的错误和异常情况。一旦发现异常值，系统就可以自动进行处理，如删除异常值或进行修正，确保数据的准确性和完整性。

1.异常检测方法

统计学方法。大数据技术可以利用统计学方法来进行异常检测。例如，通过计算数据的均值、标准差等统计指标，可以判断数据是否与正常情况偏离过大，从而识别异常值。

机器学习方法。大数据技术可以应用机器学习算法来进行异常检测。机器学习模型可以学习财务数据的正常模式，并在新的数据中发现与之不一致的样本，从而识别异常值。

时间序列分析。对于时间序列数据，大数据技术可以利用时间序列分析方法来检测异常值。通过分析数据的时间趋势和周期性，可以发现异常的时间点或异常的波动情况。

2.异常值处理

删除异常值。一种简单的处理方法是直接删除检测到的异常值。这种方法适用于异常值的数量较少，且对整体数据分析影响较小的情况。

替代值填充。对于少量缺失的异常值，大数据技术可以采用替代值填充的方法，用合理的数值替代异常值，从而修正数据。

插值方法。对于连续的时间序列数据，可以使用插值方法来估算异常值。通过对时间序列数据进行插值，可以填充异常值，并保持数据的连续性和一致性。

重采样。在时间序列数据中，如果发现异常值主要是由于数据采样不均匀或异常周期性引起的，可以通过重采样来平滑数据，消除异常的影响。

（三）多源数据整合

财务数据通常来自多个不同的数据源，可能存在数据格式不一致的问题。大数据技术可以帮助实现多源数据的整合，将不同数据源的数据统一为统一的格式，方便后续的数据处理和分析。

1. 数据转换

大数据技术可以通过数据转换技术，将不同数据源的数据转换为统一的数据格式。例如，将日期格式统一为 YYYY-MM-DD，将货币符号统一为相同的单位等，使得数据能够在一个统一的数据集中进行处理。

2. 数据标准化

在多源数据整合过程中，可能存在相同含义的数据字段名称不同的情况。大数据技术可以通过数据标准化，将相同含义的数据字段统一为一个标准名称，消除数据的冗余和混淆。

3. 数据匹配

多源数据整合还涉及数据匹配的问题，即将不同数据源中的数据进行匹配，建立关联关系。大数据技术可以利用数据匹配算法，通过匹配关键字段，将不同数据源的数据连接在一起。

（四）实时数据处理

财务数据通常是动态变化的，需要实时进行数据处理和清洗。大数据技术可以实现实时数据处理，能够快速地对新数据进行清洗和处理，确保数据的及时性和准确性。

1. 实时数据处理的优势

即时性。实时数据处理可以快速响应财务数据的变化，及时更新数据，帮助企业管理者了解最新的财务状况和业务运营情况。

准确性。实时数据处理可以在数据发生变化时立即进行处理，减少数据的滞后性，提高数据的准确性和可靠性。

及时预警。实时数据处理可以帮助企业监测关键指标，并在达到预警阈值时及时发出预警，帮助企业管理者及时发现潜在的风险和问题。

即时决策。实时数据处理可以为企业提供及时的数据支持，帮助企业管理者做出及时决策，抓住市场机会，应对突发情况。

2. 实时数据处理的应用

实时数据采集。大数据技术可以实现实时数据采集，从不同数据源收集最新的财务数据，确保数据的及时性和完整性。

实时数据清洗。实时数据处理可以对新数据进行清洗和预处理，保证数据的准确性和一致性。通过数据清洗，可以处理数据中的错误和异常值，确保数据的质量。

实时数据分析。大数据技术可以实现实时数据分析，从海量的财务数据中提取有价值的信息和规律。实时数据分析可以帮助企业管理者及时了解财务状况和业务运营情况，为企业决策提供数据支持。

实时预警。实时数据处理可以建立预警机制，监测关键财务指标，并在达到预警阈值时及时发出预警通知，帮助企业管理者及时发现潜在的风险和问题。

（五）大规模数据处理

财务数据通常是海量的，传统的数据处理方法可能无法处理如此大量的数据。大数据技术具有处理大规模数据的能力，可以快速地对海量财务数据进行清洗和整合，从而提高数据处理的效率。

1. 大规模数据处理的优势

高效性。大数据技术采用分布式计算和并行处理的方式，能够同时处理多个数据节点的数据，从而可以大大提高数据处理的速度和效率。

可扩展性。大数据技术具有良好的可扩展性，可以根据数据量的增长自动增加计算和存储资源，满足财务数据不断增长的需求。

多样性数据处理。财务数据来自不同的数据源，可能包含结构化数据、半结构化数据和非结构化数据。大数据技术能够处理多样性的数据类型，可以实现对多种数据格式的清洗和整合。

数据质量保障。大数据技术提供数据去重、数据填充、数据校验等功能，可以有效清洗数据，确保数据的准确性和一致性。

2. 大规模数据处理的应用

分布式存储。大数据技术采用分布式存储系统，能够存储和管理大规模的财务数据，确保数据的安全和高可用性。

分布式计算。大数据技术采用分布式计算框架，如 Hadoop、Spark 等，可以对大规模数据进行并行计算和处理，提高数据处理效率。

数据整合。大数据技术可以将来自不同数据源的数据整合在一起，形成统一的数据集，方便后续的数据清洗和分析。

数据清洗。大数据技术可以对海量数据进行清洗，如去除重复数据、填充缺失数据、检测和处理异常数据等，确保数据的质量。

（六）数据质量评估

大数据技术可以对数据质量进行评估，包括数据的准确性、完整性、一致性等方面。通过数据质量评估，管理者可以发现数据中存在的问题和潜在风险，从而采取相应措施来提高数据的质量。

数据准确性评估。大数据技术可以利用数据分析和算法来识别出数据中的异常值和错误。通过数据准确性评估，可以识别出数据录入错误、传输错误或其他错误情况，并进行相应的数据清洗和修正。例如，利用机器学习算法可以识别异常交易模式，从而发现可能存在的欺诈行为。

数据完整性评估。大数据技术可以自动检测数据中的缺失值和空值，并进行数据填充和补充。通过数据完整性评估，可以确保财务数据中没有缺失的重要信息，从而保证数据的完整性。例如，利用数据挖掘技术可以预测缺失数据的可能值，然后进行填充。

数据一致性评估。财务数据通常来自多个数据源，可能存在数据不一致的情况。大数据技术可以整合多个数据源的数据，并检测数据是否一致。通过数据一致性评估，可以解决数据冲突、重复和不一致的问题，确保数据的一致性。

数据时效性评估。财务数据的时效性对决策非常重要。大数据技术可以实现实时数据处理，快速地对新数据进行清洗和处理，从而保证数据的时效性。例如，通过流式数据处理技术可以实时地对财务数据进行处理和分析。

数据安全性评估。财务数据的安全性是保护企业敏感信息的关键。大数据技术可以采用加密和权限控制等措施来确保数据的安全性。通过数据安全性评估，可以识别数据中的潜在安全风险，并采取相应的措施来保护数据的安全。

通过数据质量评估，可以发现数据中存在的问题和潜在风险，帮助企业提高财务数据的质量和可靠性。同时，大数据技术可以实现数据处理的自动化和实时化，提高数据质量评估的效率和准确性。这将为企业提供更可靠的财务数据基础，为决策提供更精准的支持。

（七）数据可视化

大数据技术可以将清洗后的财务数据以可视化的方式呈现，如图表、报表等，帮助财务人员更直观地理解和分析数据。数据可视化可以帮助发现数据中的模式和趋势，从而更好地支持决策和管理。

数据概览图表。大数据技术可以将财务数据以概览图表的形式展示，如柱状图、折线图、饼图等。通过数据概览图表，管理者可以一目了然地了解企业的财务状况和经营绩效，比如销售额、利润、成本等。这有助于管理者快速发现潜在的问题和机会。

趋势分析图表。大数据技术可以生成趋势分析图表，帮助财务人员分析财务数据的变化趋势。通过趋势分析图表，财务人员可以发现数据中的周期性和季节性规律，从而更好地预测未来的财务趋势和风险。

地理信息图表。对于跨地区经营的企业，大数据技术可以将财务数据以地理信息图表的形式展示，帮助财务人员了解不同地区的财务状况和业务表现。这有助于财务人员更好地进行地区间的比较和分析。

实时监控面板。大数据技术可以实现实时监控面板，将财务数据实时展示在面板上。管理者可以通过实时监控面板随时了解企业的财务状况和运营情况，及时发现异常情况并采取相应措施。

数据交互式分析。大数据技术可以支持交互式分析，让财务人员自由地选择感兴趣的数据维度和指标，并进行动态的数据交互。这有助于财务人员深入挖掘数据，发现数据中的隐藏信息。

数据可视化的优势在于能够将复杂的财务数据以直观、易懂的方式呈现，帮助财务人员更快速地理解和分析数据，并发现问题和机会，支持决策和管理。同时，大数据技术还可以实现实时数据可视化，让财务人员随时了解企业的最新财务状况，及时做出反应。

第三节　大数据对财务数据分析和预处理的支持

一、大数据对财务数据分析的支持

（一）数据收集和整合

大数据技术在财务数据分析中发挥重要作用的第一步是数据收集和整合。财务数据通常来自多个数据源，可能包括企业内部的财务系统、银行交易记录、供应商账单等。传统的数据整合过程可能比较繁琐，需要进行数据转换和格式统一，而大数据技术可以通过数据集成和数据挖掘技术，将来自不同数据源的数据整合在一起，形成统一的数据集。这样做可以消除数据的冗余，提高数据的一致性，为后续的财务数据分析奠定基础。

大数据技术可以利用分布式计算和存储技术，快速地处理海量数据，并实现数据的实时同步和更新。例如，使用 Hadoop 等分布式计算平台可以帮助企业高效地整合多个数据源的数据，并将数据保存在分布式文件系统中，以便后续的数据分析和挖掘。

（二）数据预处理和清洗

在进行财务数据分析前，必须进行数据预处理和清洗，以保证数据的质量和准确性。大数据技术可以通过自动化和智能化的方式对财务数据进行预处理和清洗，从而减少人工干预和降低错误的发生率。

在数据预处理阶段，大数据技术可以利用机器学习算法和数据挖掘技术，自动检测和填充缺失数据，处理异常值和噪声，使数据更加完整和准确。例如，使用聚类算法可以帮助识别数据中的异常值和离群点，从而进行数据清洗和修正。另外，大数据技术还可以通过数据压缩技术减少数据的存储占用空间，从而降低存储成本。

（三）数据分析和挖掘

大数据技术为财务数据的深度分析和挖掘提供了强大的支持。传统的财务数据分析通常局限于简单的统计指标和报表分析，而大数据技术可以实现更复杂、更深入的数据分析。通过数据挖掘和机器学习算法，大数据技术可以挖掘隐藏在财务数据中的模式和规律，发现潜在的关联和趋势，帮助企业管理者做出更准确的预测和决策。

例如，在财务数据中应用关联规则挖掘算法可以发现不同财务指标之间的关系，从而揭示出一些潜在的规律。另外，通过使用时间序列分析方法可以预测未来的财务趋势，帮助企业管理者做出相应的决策和规划。

（四）实时数据分析

实时数据分析在财务领域中尤为重要，因为财务数据通常是动态变化的，需要及时获取最新的数据信息。大数据技术支持实时数据分析，能够对大规模、动态变化的财务数据进行快速分析。传统的财务数据分析通常是基于历史数据的总结和分析，无法及时捕捉到潜在的风险和机会，而大数据技术可以实时地对新数据进行处理和分析，帮助财务人员及时发现异常情况，做出实时决策。

（五）多维度的分析

大数据技术支持多维度的数据分析，能够同时考虑多个因素对财务状况的影响。传统的财务数据分析通常只关注财务表面指标，而忽视了其他非财务因素的影响。大数据技术可以整合多个数据源的数据，包括客户满意度、员工士气、品牌价值等非财务数据，从而实现更全面的绩效评估和竞争优势分析。

通过大数据技术的支持，财务人员可以从多个角度来分析财务数据，更好地理解企业的财务状况和运营情况。例如，管理者可以将财务数据与销售数据、客户满意度等指标进行关联分析，找出客户满意度与企业盈利能力之间的关联性，为企业提高盈利能力提供新的思路和方向。

二、大数据对财务数据预处理的支持

（一）数据清洗与去重

在财务数据预处理过程中，首先需要进行数据清洗和去重。大数据技术可以帮助自动识别和处理数据中的错误、缺失值和异常值。通过数据清洗和去重，可以消除数据中的冗余信息，确保数据的准确性和一致性。

1. 数据清洗

数据清洗是财务数据预处理的关键步骤，其目的是识别和处理数据中的错误、缺失值和异常值，以提高数据的质量和准确性。大数据技术在数据清洗中发挥着重要的作用，能够自动化处理大规模财务数据，提高数据清洗的效率和准确性。

（1）异常值检测和处理

大数据技术可以利用数据分析和模式识别算法来检测数据中的异常值。异常值是指与其他数据明显不同的数据点，可能是由于输入错误、设备故障或其他异常情况导致的。通过检测异常值，可以帮助发现数据中的问题和潜在风险，并采取相应措施进行处理。

例如，在财务数据中，可能会出现异常的交易金额或不合理的财务指标，这些异常值可能会对数据分析和预测产生不良影响。通过大数据技术的支持，可以自动检测这些异常值，并将其标记或进行处理，以保证数据的准确性和可靠性。

（2）缺失值填充

财务数据中经常会存在缺失值的情况，即某些数据字段缺少数值或信息。这可能是由于数据收集过程中的错误、数据传输问题或其他原因导致的。缺失值会影响数据的完整性和准确性，因此需要进行填充处理。

大数据技术可以利用插值算法、回归分析等方法来填充缺失值。通过对数据的特征和规律进行分析，大数据技术可以自动识别最合适的填充值，并将缺失值进行填充。这样可以保证数据的完整性，提高数据分析的准确性。

（3）数据一致性处理

在多源财务数据整合的过程中，可能会存在数据格式不一致的问题，如不同系统中的时间格式、货币单位等差异。这会导致数据不一致，影响数据的比较和分析。

大数据技术可以通过数据转换和格式统一来处理数据一致性问题。例如，通过数据映射和转换，将不同系统中的数据转换为统一的格式，以便后续的数据处理和分析。这样可以消除数据的冗余，提高数据的一致性和准确性。

2. 数据去重

财务数据中可能存在重复记录的情况，如同一笔交易记录在系统中被多次录入，或者数据整合过程中产生重复的数据。重复数据会影响数据分析的准确性和效率，因此需要进行数据去重处理。

大数据技术可以利用哈希算法、数据比对等方法来识别重复数据，并将其去除。通过去重处理，可以消除数据冗余，提高数据的准确性和可靠性。同时，大数据技术的高速处理能力可以在大规模数据集中高效地进行去重，保证数据清洗的效率。

3. 实时数据清洗和去重

财务数据通常是动态变化的，需要实时进行数据清洗和去重。大数据技术支持实时数据处理，能够对大规模、动态变化的财务数据进行快速清洗和去重。

通过实时数据清洗和去重，财务人员可以及时获取最新的数据信息，并保证数据的准确性和一致性。另外，实时数据清洗还可以帮助财务人员及时发现异常情况和问题，并采取相应的措施进行处理，提高数据分析的时效性和决策的准确性。

大数据技术在财务数据预处理中的数据清洗和去重环节，能够自动识别和处理数据中的错误、缺失值和异常值，消除数据冗余，保证数据的准确性和一致性。同时，大数据技术的高速处理能力，支持实时数据清洗和去重，帮助财务人员及时获取最新的数据信息，提高数据分析的时效性和决策的准确性。

（二）数据转换和归一化

财务数据通常来自不同的数据源，可能存在数据格式不一致的问题。大数据技术可以支持数据转换和归一化，将不同数据源的数据转换为统一的格式，以便后续的数据处理和分析。

1. 数据转换

数据转换是财务数据预处理中的重要步骤，它涉及将来自不同数据源的数据转换为统一的格式和单位，以便进行后续的数据处理和分析。大数据技术在数据转换方面发挥着重要的支持作用，能够高效地处理大规模的财务数据，并将其转换为统一的数据格式。

（1）数据格式转换

财务数据通常来自不同的系统和数据库，不同系统可能使用不同的数据格式，如日期格式、货币格式等。这会导致数据格式不一致，影响数据的比较和分析。

大数据技术可以通过数据映射和转换，将不同系统中的数据统一为统一的格式。例如，将不同日期格式转换为标准的日期格式，将不同货币单位转换为统一的货币单位。通过数据格式转换，可以消除数据的冗余，提高数据的一致性和准确性。

（2）数据单位转换

财务数据中的数值可能使用不同的单位表示，如金额可能用美元、人民币等表示。在进行数据分析和比较时，需要将数据统一为相同的单位，以确保数据的一致性。

大数据技术可以支持数据单位的转换，将不同货币单位转换为统一的货币单位，例如，将各种货币单位转换为美元。通过数据单位转换，可以方便地进行跨国际业务的数据分析和比较。

2. 数据归一化

数据归一化是财务数据预处理的另一个重要步骤，它涉及将不同规模的数据映射到相同的数值范围内，以消除不同数据之间的数量级差异，确保数据之间具有可比性。

（1）最小 - 最大归一化

最小 - 最大归一化是一种常用的归一化方法，它将数据线性映射到指定的范围内，通常是 [0，1]。该方法通过以下公式实现：

归一化后的值 =（原始值 - 最小值）/（最大值 - 最小值）

这样可以确保数据在指定的范围内，消除了不同数据之间的数量级差异。

（2）Z-score 归一化

Z-score 归一化是另一种常用的归一化方法，它将数据映射到均值为 0、标准差为 1 的分布上。该方法通过以下公式实现：

归一化后的值 =（原始值 - 均值）/ 标准差

Z-score 归一化适用数据分布较为均匀的情况，可以使数据更符合正态分布。

3. 小数定标归一化

小数定标归一化是将数据通过除以一个固定的基数进行缩放，通常选择基数为 10 的幂次，例如，10^3 或 10^6。该方法通过以下公式实现：

归一化后的值 = 原始值 / 10^k

其中，k 为确定的幂次。这种归一化方法简单易用，适用数据数值较大的情况。

大数据技术在财务数据预处理中的数据转换和归一化环节，能够高效地处理大规模的财务数据，将来自不同数据源的数据转换为统一的格式和单位。通过数据转换和归一化，可以消除数据的冗余，保证数据的一致性和准确性，为后续的数据处理和分析提供有力支持。

（三）数据压缩和存储

财务数据通常是海量的，存储和处理这些数据需要大量的存储空间和计算资源。大数据技术可以通过应用数据压缩技术来减少数据的存储空间占用，从而降低存储成本。同时，大数据技术支持分布式存储和计算，可以将财务数据分布式地存储在多个节点上，提高数据处理的效率和可靠性。

1.数据压缩

财务数据通常包含大量的数字和文本信息，这些数据在存储和传输时会占用大量的存储空间和带宽资源。数据压缩是一种常用的技术，可以通过消除数据中的冗余信息来减少数据的存储空间占用，从而降低存储成本。

（1）压缩算法

大数据技术提供了多种数据压缩算法，可以根据不同的数据类型和压缩需求选择合适的算法。常见的压缩算法包括：

静态字段压缩。通过构建静态字段，将重复出现的数据项替换为更短的符号，从而实现数据压缩。

动态字段压缩。与静态字段压缩类似，但动态字段压缩可以根据数据的特点动态调整字段，从而实现更高效压缩。

无损压缩。保证压缩后的数据可以完全恢复为原始数据，适用对数据准确性要求较高的场景。

有损压缩。在压缩过程中会丢失一定的信息，适用对数据准确性要求相对较低，但对存储空间和带宽资源要求较高的场景。

（2）列存储

传统的行存储方式在存储时会存储每一行数据的所有字段信息。对大规模财务数据来说，存储空间的消耗较大。列存储是一种优化的存储方式，将同一列数据连续存储，可以大大减少存储占用的空间。

大数据技术支持列存储，可以将财务数据按照列存储的方式进行存储，提高存储空间的利用率。此外，列存储还有利于数据的压缩，因为同一列的数据通常具有较高的相似性，压缩效果更好。

（3）数据压缩实例

以财务交易数据为例，一笔交易记录通常包含交易日期、交易金额、交易类型等字段。如果采用行存储方式，每一行都包含所有字段的信息，就会造成大量的冗余。采用列存储方式，将同一列的数据连续存储，可以大大减少冗余，提高存储空间的利用率。

此外，通过压缩算法，可以对交易金额字段进行压缩，去除其中的冗余信息，从而减少对存储空间的占用。如果交易金额字段的值在一定范围内波动较小，就可以采用差值编码等压缩算法来实现数据压缩。

2.分布式存储和计算

财务数据通常是海量的，单机存储和处理这些数据可能会面临性能和可靠性问题。大数据技术支持分布式存储和计算，可以将财务数据分布式地存储在多个节点上，并且在多个节点上进行并行计算。

（1）分布式存储

大数据技术提供了分布式文件系统，如 Hadoop Distributed File System（HDFS），可以将财务数据分布式地存储在多个节点上。这样，财务数据可以在不同的节点上进行备份，从而提高数据的可靠性和容错性。

（2）分布式计算

大数据技术支持分布式计算框架，如 Apache Hadoop 和 Apache Spark，这些框架可以将财务数据分散到多个节点上进行并行处理。通过分布式计算，可以加快数据处理的速度，从而提高数据处理的效率。

（3）数据分区

在分布式存储和计算中，数据通常会被分成多个分区，每个分区存储在不同的节点上。大数据技术可以根据数据的特性和负载情况，自动对数据进行分区，从而实现数据的均衡和负载均衡。这样，可以确保每个节点都能充分利用资源，避免出现性能瓶颈。

（4）并行计算

大数据技术支持并行计算，可以同时在多个节点上执行相同或不同的计算任务。这样可以大幅缩短数据处理的时间，加快数据分析的速度。例如，在进行财务数据分析时，可以将数据分成多个分区，并在多个节点上同时进行数据处理，从而可以及时得到分析结果。

（5）高可用性

大数据技术支持数据的高可用性，即在某个节点故障时，系统可以自动将数据切换到其他节点上，确保数据的可靠性和持续可访问性。对财务数据来说，可用性尤为重要，因为财务数据的丢失或不可访问可能会导致严重的财务损失。

3.应用场景：数据压缩和存储

一个典型的应用场景是银行或金融机构处理大量交易数据。这些数据可能包含大量的冗余信息，如交易金额中的小数部分可能在大量交易中保持不变。通过采用数据压缩技术，可以将交易金额字段进行压缩，去除其中的冗余信息，从而减少对存储空间的占用。

此外，银行通常需要保存大量的历史交易数据，以满足监管要求和数据分析需求。传统的存储方式可能需要大量的存储资源来保存历史数据，而通过采用列存储和数据压缩技术，可以大大减少对存储空间的占用，降低存储成本。

4.应用场景：实时数据分析

实时数据分析在财务领域有着广泛的应用。例如，企业管理者可能需要实时监控财务状况，及时发现异常情况并做出相应的决策。传统的数据处理方式可能无法满足实时数据分析的需求，而大数据技术支持实时数据处理，可以快速地对新数据进行处理和分析。

以实时监控企业销售收入为例，企业可以利用大数据技术从不同销售渠道收集实时销售数据，并进行实时数据分析。通过分析销售数据的趋势和变化，企业管理者可以及时发现销售收入的波动情况，并采取相应的措施来调整销售策略。

5.应用场景：多维度的数据分析

大数据技术支持多维度的数据分析，可以将财务数据与其他非财务数据进行关联分析，实现更全面的绩效评估和竞争优势分析。

例如，在评估企业绩效时，除了财务指标，还可以考虑客户满意度、员工士气、品牌价值等非财务因素。大数据技术可以将来自不同数据源的数据整合在一起，进行多维度的数据分析，从而全面评估企业的绩效和竞争优势。

第六章 智能财务决策与预测分析

第一节 大数据在财务决策中的应用场景与问题

一、营收预测

营收预测是财务决策中重要的应用场景。通过大数据技术，企业可以对历史销售数据、市场趋势、经济指标等大量数据进行分析，预测未来一段时间内的营业收入。营收预测对企业制订销售计划、预算和资源配置具有重要的指导作用，能够优化业务流程，提高资源利用率，实现业绩增长。

在营收预测中，大数据技术可以发挥以下作用：

（1）数据收集与整合。大数据技术能够帮助企业从多个数据源收集销售数据、市场数据和经济指标数据。这些数据可能来自企业内部的销售系统、市场调研数据、社交媒体等多个渠道。通过大数据技术，企业可以实现数据的整合和清洗，将来自不同数据源的数据统一为一致的格式，方便后续的数据分析和预测。

（2）数据预处理与特征工程。在进行营收预测前，需要对数据进行预处理和特征工程。大数据技术既可以自动识别和处理数据中的缺失值、异常值和噪声；也可以对数据进行特征提取，将原始数据转化为能够更好地描述营收趋势的特征。

（3）时间序列分析。时间序列分析是营收预测的常用方法之一。大数据技术可以对庞大的时间序列数据进行快速分析，发现时间序列的趋势、季节性和周期性。通过时间序列分析，企业管理者可以对未来的营收进行走势预测，制订合理的销售和预算计划。

（4）回归分析。回归分析可以用来探索营收与其他因素之间的关系。大数据技术可以支持回归分析模型的建立和优化，帮助企业识别哪些因素对营收的影响最大，并且预测未来营收在不同因素影响下的变化。

（5）机器学习算法应用。大数据技术支持机器学习算法的应用，可以通过机器学习模型对未来的营收进行预测。监督学习算法和时间序列预测算法可以用于建模和预测营收趋势，深度学习算法可以用于学习复杂的特征表示，从而提高预测精度。

二、成本预测

成本预测是财务决策中第二个重要的应用场景。大数据技术可以帮助企业管理者对成本数据进行分析，预测成本的变化趋势，识别潜在的成本风险，采取相应的控制措施，提高企业的盈利能力。

在成本预测中，大数据技术的应用包括：

（1）在进行成本预测前，需要对数据进行预处理和特征工程。大数据技术既可以自动识别和处理数据中的缺失值、异常值和噪声；也可以对数据进行特征提取，将原始数据转化为能够更好地描述成本趋势的特征。

（2）数据预处理与特征工程。成本数据通常涉及多个方面，如人工成本、原材料成本、运营成本等，数据量庞大且复杂。在进行成本预测前，需要对数据进行预处理和特征工程。大数据技术既可以自动识别和处理数据中的缺失值、异常值和噪声，也可以对数据进行特征提取，将原始数据转化为能够更好地描述成本趋势的特征。

（3）时间序列分析。时间序列分析是成本预测的一种常用方法。大数据技术可以帮助对庞大的时间序列数据进行快速分析，发现时间序列的趋势、季节性和周期性。通过时间序列分析，可以对未来的成本进行走势预测，帮助企业制订合理的预算和资源计划。

（4）回归分析。回归分析可以用来探索成本与其他因素之间的关系。大数据技术可以支持回归分析模型的建立和优化，帮助企业管理者识别哪些因素对成本的影响最大，并且预测未来成本在不同因素影响下的变化。

（5）机器学习算法应用。大数据技术支持机器学习算法的应用，可以通过机器学习模型对未来的成本进行预测。监督学习算法可以根据历史成本数据和已知成本值形成一个预测模型。时间序列预测算法可以根据历史时间序列数据，预测未来成本的趋势。深度学习算法可以用于学习复杂的特征表示，从而提高预测精度。

三、现金流预测

现金流预测是财务决策中第三个重要的应用场景。现金流预测涉及企业在未来一段时间内的资金收入和支出，对企业的经营和财务决策具有重要影响。通过大数据技术，企业可以对历史现金流数据、市场趋势、经济指标等进行分析，预测未来的现金流情况，帮助企业管理者合理安排资金，降低资金风险，确保企业的正常经营。

在现金流预测中，大数据技术的应用包括：

数据收集与整合。大数据技术可以帮助企业从多个数据源收集现金流数据，包括财务系统、销售系统、采购系统等。通过大数据技术，可以实现数据的整合和清洗，将来自不同数据源的数据转换为统一的格式，以方便后续的数据分析和预测。

数据预处理与特征工程。现金流数据可能包含噪声、缺失值和异常值等问题。在进行现金流预测前，需要对数据进行预处理和特征工程，以确保数据的质量和准确性。

时间序列分析。时间序列分析是现金流预测的一种常用方法。大数据技术可以帮助对庞大的时间序列数据进行快速分析，发现时间序列的趋势、季节性和周期性。通过时间序列分析，可以对未来的现金流进行走势预测，帮助企业管理者制定合理的资金计划和经营策略。

风险评估与预警。大数据技术可以帮助企业识别现金流预测中的潜在风险。通过对历史数据和市场数据的分析，管理者可以发现潜在的现金流波动因素，提前预警可能的资金紧张情况，并采取相应的风险控制措施，确保企业资金的稳健运营。

现金流优化。大数据技术可以帮助企业优化现金流管理。通过对现金流数据的深入分析，管理者可以发现现金流的瓶颈和优化空间，帮助企业提高资金的使用效率，降低资金的成本，从而改善企业的财务状况。

第二节　智能财务决策模型与算法

智能财务决策模型与算法是指利用人工智能技术，特别是机器学习和深度学习算法，对财务数据进行分析和预测，从而辅助企业管理者做出更明智的财务决策。智能财务决策模型可以根据历史数据和实时数据，自动学习和优化，逐步提高预测和决策的准确性。

一、智能财务决策模型

智能财务决策模型是指基于大数据技术、人工智能和机器学习等先进技术，对财务数据进行分析和建模，以辅助企业管理者做出更准确、高效和智能化的财务决策。这些模型可以根据历史财务数据和其他相关数据，预测未来的财务趋势、风险和机会，帮助企业管理者制定更优化的财务策略和业务决策。智能财务决策模型的应用范围广泛，包括营收预测、成本控制、现金流管理、投资决策等方面。智能财务决策模型可以分为以下几类：

（一）时间序列预测模型

时间序列预测模型是指一类用于分析和预测时间序列数据的算法，可以帮助企业预测财务指标随时间的变化趋势，从而做出更精确的财务决策和规划。

常见的时间序列预测模型包括 ARIMA（AutoRegressive Integrated Moving Average）和指数平滑法。其中，ARIMA 模型适用具有稳定趋势和季节性变化的时间序列数据。该模型结合了自回归、差分和移动平均的因素，能够对时间序列数据进行拟合和预测。指数平滑法则是另一种常用的时间序列预测方法，适用没有明显趋势和季节性的数据。该方法通过加权平均计算预测值，对近期数据给予更高的权重，从而捕捉短期趋势。

例如，某电子产品制造公司希望预测其下一季度的销售额。利用历史销售数据，管理者运用 ARIMA 模型对销售额时间序列进行拟合，然后根据模型的预测结果，预测下一季度的销售额。这样的预测可以帮助企业管理者合理安排生产和库存，避免生产过量或不足，从而优化财务方案。

（二）风险评估模型

风险评估模型在财务决策中扮演着重要角色，通过分析企业面临的潜在风险和不确定性因素，为企业提供风险管理建议和预防措施。这些模型利用大数据技术和机器学习算法，对历史数据和市场数据进行综合分析，识别出潜在风险，并评估其可能对企业产生的影响。风险评估模型可应用于多个领域中，如信用风险评估、市场风险评估、供应链风险评估等。

在信用风险评估方面，银行和金融机构可以利用风险评估模型对借款人的信用风险进行预测。模型可以根据借款人的历史借贷记录、还款能力、财务状况等信息，计算出借款人的信用评分，从而决定是否批准贷款和贷款金额。这有助于银行降低不良债务风险，提高债务违约预测准确率，确保贷款安全和资产回收。

在市场风险评估方面，投资公司可以利用风险评估模型来识别市场的波动性和不确定性。模型可以分析历史市场数据和宏观经济指标，预测市场的涨跌趋势，并提供相应的投资建议。通过对市场风险的评估，投资公司可以调整投资组合，实现风险分散和资产保值增值。

在供应链风险评估方面，制造业企业可以利用风险评估模型来评估供应链中的潜在风险因素。模型可以分析供应链中的供应商信息、物流情况、市场需求等，识别供应链的脆弱环节和潜在风险。通过对供应链风险的评估，企业可以制定灵活的供应链策略，降低供应链断裂和减少库存积压的风险，提高供应链的韧性和效率。

（三）机器学习分类模型

机器学习分类模型在财务决策中广泛应用，用于将企业客户分为不同的群体，或将财务指标进行分类，以判断企业是否处于亏损状态。这些模型可以基于客户的历史行为数据、购买行为、偏好等信息，对客户进行分类，帮助企业了解不同客户群体的特征和需求。

例如，一家电商企业希望对其用户进行分类，以实现个性化推荐和营销。管理者可以利用机器学习分类模型，基于用户的购买历史、浏览行为、点击率等数据，将用户分为高消费群体、低消费群体、潜在用户等。这样管理者可以有针对性地向不同用户群体推送个性化的广告和优惠，提高用户转化率和留存率。

在财务指标分类方面，管理者可以利用机器学习分类模型对财务指标进行分类，以判断企业是否处于盈利状态或亏损状态。模型可以基于财务报表数据和其他相关指标，将企业财务状况分为健康状态、风险状态、潜在盈利状态等。这有助于优化企业的财务决策和战略规划。

例如，一家制造业企业希望评估其各个产品线的盈利能力。通过机器学习分类模型，该企业管理者可以基于销售数据、生产成本、市场需求等指标将产品线划分为高利润产品线、中等利润产品线和低利润产品线。这样企业可以专注发展高利润产品线，优化资源配置，提高整体盈利水平。

此外，机器学习分类模型在风险管理中也具有重要作用。例如，一家银行希望对其客户进行信用评估，以确定是否授予贷款和信用额度。通过机器学习分类模型，该银行可以基于客户的历史还款记录、债务负担、职业等信息将客户分为低风险客户、中风险客户和高风险客户。这有助于银行做出风险可控的贷款决策，降低坏账率，保护资产质量。

（四）机器学习回归模型

机器学习回归模型是一类用于预测连续型数值的算法，在财务决策中用于预测未来的财务指标，如企业的销售额、利润等。这些模型可以基于历史数据和其他相关指标，对未来的趋势进行预测，帮助企业管理者做出相应决策和规划。

例如，一家零售企业管理者希望预测未来一个季度的销售额。其管理者可以利用机器学习回归模型，基于历史销售数据、市场趋势、宏观经济指标等因素，预测未来销售额的增长趋势。这样的预测可以帮助企业管理者制定合理的库存管理策略，调整营销活动，优化供应链，以应对未来的销售需求。

在财务决策中，机器学习回归模型也可以用于预测成本和利润。例如，一家制造业企业希望预测下一年的生产成本。通过回归模型，企业管理者可以基于原材料价格、劳动力成本、能源价格等因素预测生产成本的变化趋势，从而制定成本控制策略和定价策略。

此外，机器学习回归模型还可以应用于金融领域。例如，一家投资公司希望预测某股票的未来价格走势。通过回归模型，投资公司可以基于历史股票价格、市场指数、行业数据等因素预测股票价格的变动，帮助投资者做出买入或卖出决策。

（五）强化学习模型

强化学习模型在财务决策中的应用逐渐增多，这类模型通过智能体与环境的交互学习，优化投资组合、动态资产配置等策略。强化学习模型的特点在于能够在不断试错和学习的过程中，找到最优的决策策略，适应市场变化。

例如，一家资产管理公司希望优化其投资组合，实现最大的回报。通过强化学习模型，该公司的智能体可以观察到市场数据、分析投资组合的表现，并根据投资组合的收益率来调整资产配置比例。随着市场的变化，智能体不断试错和学习，逐渐找到最优的资产配置策略，从而实现较好的投资回报。

另外，强化学习模型在股票交易策略优化方面也有广泛应用。例如，一家对冲基金希望通过股票交易获得超额收益。其管理者可以利用强化学习模型，在市场波动的环境下不断尝试不同的交易策略，并根据交易结果来调整策略。随着模型不断学习和优化，该对冲基金可以实现较好的投资回报。

（六）自然语言处理模型

自然语言处理模型在财务决策中的应用越来越重要。这类模型可以处理和理解非结构化的自然语言数据，如新闻报道、分析师报告等。在财务决策中，这些数据可以包括对企业财务绩效的重要信息和市场情绪。

例如，一家投资银行希望了解市场对某公司的评价和情绪，以辅助投资决策。其管理者们可以利用自然语言处理模型，分析新闻媒体和社交媒体中关于该公司的新闻和评论。模型可以识别情感词汇和关键事件，从而评估市场对该公司的看法。这有助于投资银行更好地把握市场动态，及时调整投资策略。

此外，自然语言处理模型还可以用于企业的战略分析和竞争情报收集。例如，一家零售企业希望了解竞争对手的战略动向和市场反应，以制定适应性战略。通过自然语言处理模型，该企业管理者可以对竞争对手的新闻报道、官方公告、社交媒体评论等进行分析，了解其产品发布、价格调整、市场营销活动等信息。这样的分析可以帮助该企业识别竞争对手的优势和弱势，发现市场机会和挑战，从而优化自身战略规划。

另一个应用领域是舆情分析。企业的声誉和形象在财务决策中有着重要的影响。通过自然语言处理模型，企业可以对公众对其的评价和看法进行分析，了解市场对企业的态度和反应。如果企业受到舆论负面影响，可以及时采取公关措施，保护企业的声誉和形象，避免财务损失。

此外，自然语言处理模型还可以用于分析分析师报告和财务新闻，提取其中的关键信息和数据。例如，一家投资公司希望了解特定行业的发展趋势和公司的财务状况。通过自然语言处理模型，该公司管理者可以对相关行业的新闻报道和分析师报告进行分析，提取行业增长率、公司盈利能力、市场份额等数据，为投资决策提供参考和依据。

智能财务决策模型是利用大数据和人工智能技术进行财务数据分析和决策支持的重要工具。这些模型可以帮助企业管理者更好地了解财务状况、预测未来趋势、识别风险和机会，并为企业的发展和经营决策提供科学依据及战略导。

二、智能财务决策算法

除了上述智能财务决策模型，还有一些特定的算法在财务决策中得到广泛应用。这些算法在大数据环境下发挥着重要作用，帮助企业更好地处理财务数据和优化决策。

（一）随机森林算法

随机森林算法是一种集成学习方法，通过构建多个决策树，并通过投票或平均值来决定最终结果。在财务决策中，随机森林算法常用于预测营收、利润等连续性指标，以及进行客户分类和风险评估。随机森林算法可以有效处理大规模数据，具有较高的准确性和稳健性。

1. 营收预测

假设某电子商务企业需要预测其在未来一个季度的营收情况。随机森林算法可以将历史的季度营收数据、市场趋势、宏观经济指标等作为特征，构建随机森林回归模型。该模型可以预测该企业在下一个季度的营收，并且可以通过对每棵树的预测结果进行平均或加权来得到更为稳健的预测结果。通过营收预测，该企业可以合理制定销售和预算计划，以便更好地规划资源和调整经营策略。

2. 客户分类

在银行业务中，客户分类是一个重要的问题。随机森林算法可以利用客户的历史交易数据、贷款记录、信用评估等信息，构建分类模型。通过集成多个决策树的结果，该模型可以更准确地将客户分为不同的群体，如高价值客户、中等价值客户和低价值客户。这样的分类可以帮助银行制定差异化的服务策略，提高客户满意度和忠诚度。

3.风险评估

对金融机构而言，风险评估是至关重要的任务。随机森林算法可以利用客户的历史贷款记录、收支情况、担保信息等，构建分类模型来预测客户的违约风险。通过对每棵决策树的预测结果进行综合，该模型可以得到客户的违约概率。这样的风险评估可以帮助金融机构更好地控制风险，避免不良资产的产生。

总体来说，随机森林算法在财务决策中具有较高的准确性和稳健性，尤其适用于处理大规模数据和复杂的决策问题。它的集成特性使得其在各种场景下都能获得良好的表现，成为财务决策中不可或缺的算法之一。

（二）支持向量机算法（SVW）

支持向量机算法是一种监督学习算法，广泛应用于分类和回归问题。在财务决策中，支持向量机算法常用于客户信用评估、财务指标异常检测和外汇费率预测等任务。该算法通过寻找最优超平面来将不同类别的数据分开，具有较强的泛化能力。

1.客户信用评估

在金融服务中，客户信用评估是一项重要的任务。SVM算法可以将客户的历史贷款记录、收支情况、个人征信信息等作为特征，构建分类模型。通过在特征空间中寻找最优超平面，SVM可以将客户分为高信用风险和低信用风险两类。这样的信用评估可以帮助金融机构更好地制定授信政策和风险定价，减少违约风险。

2.财务指标异常检测

企业的财务指标异常可能暗示着潜在的问题。SVM算法可以利用企业的历史财务数据，构建回归模型。通过对比实际财务指标与预测值之间的差异，可以检测出异常值。例如，如果企业的实际利润远低于SVM模型预测的利润，可能意味着企业存在经营风险或其他问题，需要及时采取措施进行调整。

3.外汇汇率预测

在国际贸易和投资中，外汇汇率的预测对企业的决策影响很大。SVM算法可以将历史汇率数据、经济指标等作为特征，构建回归模型来预测未来的汇率走势。通过预测汇率的涨跌，企业管理者可以更好地规划外汇交易和风险对冲策略。

总体来说，支持向量机算法在财务决策中表现出较强的适应性和泛化能力，尤其适用于高维度和复杂的数据集。其在客户信用评估、异常检测和汇率预测等方面的应用，可以帮助企业管理者做出更加准确和有效的抉择。

（三）马尔可夫链蒙特卡洛算法（MCMC）

MCMC算法是一种用于模拟复杂概率分布的方法，在财务决策中用于风险评估和资产定价。通过MCMC算法，管理者可以对投资组合的预期收益和风险进行估计，从而帮助投资者优化资产配置和风险管理。

1. 风险评估

在投资决策中，风险评估是至关重要的工作内容。MCMC 算法可以通过模拟资产收益率的概率分布，估计投资组合的风险。通过构建马尔可夫链，MCMC 算法可以在收益率的概率空间中进行随机采样，得到一系列收益率的模拟样本。然后，通过对这些样本进行统计分析，如计算 VaR（Value at Risk）等风险指标，可以评估投资组合的风险水平。这样的风险评估可以帮助投资者更好地了解投资组合的风险特征，并帮助其做出相应的风险控制和调整。

2. 资产定价

在金融市场中，资产的定价是一个关键问题。MCMC 算法可以用于估计资产的期望收益率和波动率，从而帮助投资者确定合理的资产价格。通过对资产收益率的历史数据进行建模，并利用马尔可夫链进行随机模拟，可以得到资产价格的分布。这样的资产定价模型可以为投资者提供更全面的信息，帮助其做出决策是否买入或卖出资产。

3. 信用风险建模

对银行和金融机构而言，信用风险是一项重要的考虑因素。MCMC 算法可以用于建立信用风险模型，通过对借款人的历史信用记录和财务指标进行建模，预测其未来的信用违约概率。通过马尔可夫链的随机采样，可以得到借款人信用违约的概率分布。这样的信用风险模型可以帮助金融机构制定合理的信贷政策和风险定价，降低不良贷款的风险。

总体来说，马尔可夫链蒙特卡洛算法在财务决策中具有广泛的应用，特别适用于处理复杂的概率分布和模拟问题。通过 MCMC 算法，可以更全面地了解潜在风险和不确定性，为企业的决策提供更科学的依据。

（四）神经网络算法

神经网络算法是一种模拟人脑神经网络结构的算法，常用于处理大规模的非线性数据。在财务决策中，神经网络算法常用于预测股票价格、进行信用风险评估、客户分类，以及进行外汇汇率预测。

1. 股票价格预测

神经网络算法在金融市场的股票价格预测中得到了广泛应用。通过利用历史的股票价格数据、交易量以及其他市场指标作为输入特征，构建神经网络模型，可以预测未来股票价格的变动趋势。神经网络的非线性建模能力使其能够捕捉股票市场复杂的波动和趋势，为投资者提供重要的决策参考。例如，基于神经网络预测的股票价格波动可以帮助投资者制定合理的买入和卖出策略。

2. 信用风险评估

在信贷业务中，信用风险评估是银行和金融机构必须面对的挑战。神经网络算法可以利用借款人的个人征信、历史还款记录、收支情况等信息，构建分类模型来预测借款人的信用风险。神经网络的多层次特征提取和非线性建模能力使其能够准确地刻画借款人的信用特征，辅助银行管理者做出更精准的信贷决策。

3.客户分类

在营销和客户关系管理中,客户分类是一项重要的任务。神经网络算法可以利用客户的历史交易数据、行为特征、喜好偏好等信息,构建聚类模型,并将客户分为不同的群体。通过神经网络的自动学习和特征提取,可以更好地发现潜在的客户群体和市场细分,从而制定更精准的营销策略,提高客户满意度和转化率。

4.外汇汇率预测

神经网络算法在外汇市场的汇率预测方面发挥着重要作用。通过利用历史汇率数据、经济指标和政治事件等信息,构建神经网络模型,并可以预测未来外汇汇率的波动趋势。神经网络算法的灵活性和强大的逼近能力使其能够应对复杂的非线性关系,为企业和投资者提供更准确的外汇交易决策。

总体来说,神经网络算法在财务决策中具有强大的数据建模和预测能力,适用于处理大规模、复杂的非线性数据。然而,神经网络算法也存在一些不足,如对大量数据和计算资源的需求,以及模型的可解释性等。因此,在应用神经网络算法时需要综合考虑该算法的优缺点,并结合具体业务场景做出决策。

(五)基因算法

基因算法是一种模拟进化过程的优化算法,常用于求解复杂的组合优化问题。在财务决策中,基因算法常用于优化投资组合、平衡资产组合和优化财务策略中。

1.投资组合优化

在资产管理中,投资组合优化是一个重要的问题。基因算法可以帮助投资者确定如何将资金分配到不同的资产上,以最大化预期收益或最小化风险。通过构建适应度函数,基因算法可以对不同的资产配置方案进行评估和优化。例如,假设投资者面临股票、债券和现金等不同资产的选择,基因算法可以在考虑预期收益率、风险和流动性等因素的基础上,找到最优的资产配置方案。

2.资产组合重平衡

随着市场条件的变化,投资组合的权重分配可能发生偏离。基因算法可以帮助投资者在一定的约束条件下,对投资组合进行重新平衡,以恢复目标权重。通过将投资组合的权重作为基因编码,并利用交叉和变异操作进行演化,基因算法可以找到适合当前市场环境的资产配置。

3.财务策略优化

在企业决策中,财务策略的制定是一项重要的任务。基因算法可以用于优化财务策略的参数和参数组合,以实现企业的目标。例如,在定价策略中,企业可以利用基因算法来寻找最优的价格策略,从而最大化销售收益。在供应链管理中,基因算法可以帮助企业确定最优的库存水平和订单量,以实现成本最小化和服务水平最大化。

总体来说,基因算法在财务决策中具有较强的全局优化能力,能够帮助企业和投资者处理复杂的组合优化问题和参数优化问题。然而,基因算法也存在一些需要注意的问题,如计算复杂度较高、结果的可解释性较差等。在使用基因算法时，需要权衡算法的优势和限制，并结合具体问题的特点做出合理的决策。

（六）强化学习算法

强化学习算法通过智能体与环境的交互来学习最优策略，在财务决策中可以用于优化股票交易策略、资产配置策略和量化交易模型等。强化学习算法可以在不断试错中逐步优化决策策略，适应市场变化。

1. 股票交易策略优化

强化学习算法可以用于优化股票交易策略。在股票交易中，市场的波动和复杂性使得传统的规则及策略往往难以适应不断变化的市场情况。强化学习算法可以通过智能体观察市场数据和执行交易策略，并根据交易结果来不断调整交易策略。通过不断试错和学习，强化学习算法可以找到更加适应市场的交易策略，从而提高交易的收益和风险控制能力。

2. 资产配置策略优化

在资产管理中，选择合适的资产配置是实现投资目标的关键。强化学习算法可以用于优化资产配置策略。智能体可以根据投资者的风险偏好、投资目标和市场条件，动态调整资产配置比例。通过观察市场变化和收益情况，强化学习算法可以逐步学习并调整资产配置策略，以实现更好的资产组合表现。

3. 量化交易模型优化

强化学习算法可以用于优化量化交易模型。在量化交易中，智能体可以根据市场数据和模型信号来执行交易操作，并根据实际交易结果来调整模型参数。通过不断学习和改进，强化学习算法可以帮助量化交易模型更准确地捕捉市场的规律和趋势，提高交易的成功率和盈利能力。

总体来说，强化学习算法在财务决策中具有较强的适应性和自适应能力。然而，强化学习算法也面临着训练时间较长、样本不足和过拟合等挑战。在应用强化学习算法时，管理者需要合理设计表示状态、奖励函数和策略参数，并进行充分的训练和验证，以确保算法的稳健性和可靠性。

第三节　大数据在财务预测和趋势分析中的应用

一、大数据在财务预测中的应用

财务预测是企业决策和规划过程中的重要环节，它可以帮助企业预测未来的财务状况和业绩，从而制订合理的经营策略和资金计划。大数据技术在财务预测方面发挥着重要的作用，可以通过处理海量的财务和相关数据，提供更准确、全面的预测结果。

（一）历史数据分析

历史数据分析是财务预测中的关键步骤。企业通过大数据技术对过去一段时间内的财务数据进行深入分析，可以揭示出数据的规律性和趋势，从而为企业未来的财务预测提供参考依据。在历史数据分析阶段，企业可以采取以下方法：

数据清洗和整理。由于财务数据可能来自不同的数据源和系统，可能存在数据缺失、错误或不一致的问题。大数据技术可以对数据进行清洗和整理，剔除无效数据，填补缺失值，使数据具有一致性和准确性。

趋势分析。大数据技术可以应用时间序列分析方法，如 ARIMA 模型，来对财务数据进行趋势分析。通过寻找数据的趋势性变化，如上升、下降或周期性波动，可以预测未来的财务走势。例如，对历史销售额数据进行趋势分析，可以帮助企业预测其未来销售额的增长趋势。

季节性分析。许多企业的财务数据存在明显的季节性波动，如节假日销售旺季、冬季销售淡季等。大数据技术可以通过季节性分解，将数据分解为趋势、季节性和随机成分，从而更好地分析季节性对财务数据的影响。

异常检测。大数据技术可以识别历史数据中的异常值和离群点，这些异常值可能是数据采集或输入错误，也可能是真实的异常情况。通过排除异常数据的影响，可以提高财务预测的准确性和可靠性。

相关性分析，大数据技术可以帮助进行相关性分析，找出不同财务指标之间的关联关系。例如，利润和销售额之间可能存在正相关关系，成本和利润之间可能存在负相关关系。这些相关性分析可以帮助企业分析各项指标之间的影响，优化经营策略。

（二）时间序列预测

时间序列预测是财务预测中常用的方法之一，通过对历史财务数据的时间序列进行建模和预测，从而预测未来的财务指标。大数据技术可以应用于时间序列预测中，通过处理海量的时间序列数据，提供更准确、全面的预测结果。在时间序列预测中，常用的方法包括以下几种：

1.ARIMA 模型

ARIMA（Auto Regressive Integrated Moving Average）模型是一种常用的时间序列预测方法。它将时间序列分解为自回归、差分和移动平均三个部分，然后通过拟合这些部分的参数，对未来的数据进行预测。

2. 指数平滑法

指数平滑法是一种简单且有效的时间序列预测方法。它通过对历史数据的加权平均，给较近期的数据赋予较高的权重，给较远期的数据赋予较低的权重，从而对未来的数据进行预测。

3. 长短期记忆网络（LSTM）

LSTM 是一种特殊的循环神经网络，它在时间序列预测中表现出色。LSTM 具有记忆单元，可以有效地捕捉时间序列中的长期依赖关系。在财务预测中，LSTM 可以用于预测销售额、股票价格等具有时间依赖性的指标。

4. 季节性 ARIMA 模型

对于具有明显季节性波动的财务数据，可以使用季节性 ARIMA 模型。该模型结合了 ARIMA 模型和季节性分解方法，能够更准确地预测季节性数据的未来走势。

5. 神经网络时间序列模型

除了 LSTM，其他类型的神经网络也可以用于时间序列预测。例如，多层感知机（MLP）和卷积神经网络（CNN）等，它们在财务预测中的应用逐渐增多，尤其是对于复杂、非线性的时间序列数据。

大数据平台可以快速处理大量的时间序列数据，从而实现更细粒度的预测和更频繁的更新。此外，大数据技术还能够自动识别数据中的异常点和离群值，从而提高预测的准确性。

（三）基于机器学习的预测

大数据技术结合机器学习算法，可以建立更复杂的预测模型，进一步提高财务预测的准确性和可信度。在基于机器学习的预测中，有以下几种常见的方法：

1. 回归分析

回归分析是一种广泛应用于财务预测的机器学习方法。它可以通过历史数据中的自变量（如销售额、广告费用等）与因变量（如利润等）之间的关系，建立回归模型，从而预测未来的因变量值。

2. 随机森林算法

随机森林算法是一种集成学习方法，通过构建多个决策树，最终汇总多个预测结果。在财务预测中，随机森林算法可以应用于预测营收、利润等连续型指标，以及进行客户分类和风险评估。

3. 支持向量机

支持向量机是一种分类和回归分析常用的算法，它在财务预测中常用于客户信用评估、财务异常检测等任务。支持向量机通过寻找最优超平面，将不同类别的数据分开，具有较强的泛化能力。

4. 神经网络

神经网络是一类模拟人脑神经网络结构的机器学习算法。可以处理大规模的非线性数据。在财务预测中，神经网络常用于预测股票价格、外汇汇率等金融市场的变动，以及进行信用风险评估和客户分类。

5. 决策树算法

决策树算法是一种简单且直观的机器学习算法，在财务预测中可以应用于客户分类、产品销售预测等任务。决策树算法将数据分成不同的节点和分支，形成一个树状结构，每个叶子节点代表一个预测结果。

机器学习的优势在于它可以自动地从数据中学习模式和规律，并可以处理复杂的非线性关系。在财务预测中，机器学习可以帮助企业全面考虑各种因素的影响，从而提高预测的精确度和准确性。

（四）社交媒体数据分析

社交媒体已经成为一个重要的信息来源，大量的用户评论和意见可以通过社交媒体数据分析，企业管理者可以更好地了解公众对企业的评价、产品和服务的反馈，以及市场的动态信息。这些信息对财务预测具有重要的参考价值，特别是对市场营销和品牌管理方面的预测。

1.情感分析

大数据技术可以应用自然语言处理技术，对社交媒体上的评论和帖子进行情感分析。情感分析可以判断用户评论中所表达的情绪是正面的、负面的还是中性的。例如，一家手机公司可以通过社交媒体情感分析了解用户对其最新产品的反应是积极的还是消极的。这些情感信息可以用来评估产品的受欢迎程度，以预测未来销售额和市场份额。

2.舆情监测

通过大数据技术，企业可以实时地监测社交媒体上关于自己品牌、产品和竞争对手的信息。舆情监测可以帮助管理者了解公众对企业的看法，发现潜在的危机和问题，及时采取措施进行应对。例如，一家餐饮连锁企业管理者可以通过舆情监测发现某个分店服务不佳的投诉，并及时处理，以避免负面影响扩大，影响整体销售业绩。

3.用户行为分析

大数据技术可以分析用户在社交媒体上的行为模式，了解用户的兴趣、偏好和购买意向。企业管理者可以根据这些信息，制定更精准的市场营销策略，提高广告和促销活动的效果。例如，一家时尚品牌可以通过用户行为分析，了解年轻消费者对时尚潮流的关注度，从而推出更符合市场需求的产品，提高销售额和市场份额。

4.品牌声誉管理

社交媒体对企业的品牌声誉有着直接和及时的影响。大数据技术可以对社交媒体上关于企业品牌的讨论和评论进行监测和分析，帮助企业及时回应用户反馈，建立积极的品牌形象。例如，一家电子产品公司可以通过社交媒体数据分析，了解用户对其产品的评价，及时改进产品设计，以增强用户满意度和品牌忠诚度。

5.新产品预测

通过社交媒体数据分析，企业管理者可以发现用户对某些新产品或潜在产品的兴趣和需求。这些信息可以为企业的新产品开发和市场推广提供指导。例如，一家健康食品公司可以通过社交媒体数据分析，发现用户对一种新的健康饮品的关注度较高，从而决定加大该产品的生产和推广投入力度。

6.竞争对手分析

社交媒体数据分析可以用于竞争对手分析。企业可以通过监测竞争对手在社交媒体上的活动和用户反馈，了解竞争对手的市场表现和策略，从而调整自身的经营策略。例如，一家电商企业管理者可以通过社交媒体数据分析，了解竞争对手的促销活动和折扣策略，及时做出相应的调整，以提高企业的市场竞争力。

社交媒体数据分析在财务预测中发挥着重要作用，帮助企业更全面地了解市场和用户，优化经营决策，提高企业绩效和市场竞争力。大数据技术使得对海量社交媒体数据的处理和分析成为可能，从而可以为企业提供更多有价值的信息。

二、大数据在财务趋势分析中的应用

财务趋势分析是指企业对财务数据进行长期的、全面的分析，以了解财务状况的发展趋势和变化模式。大数据技术在财务趋势分析中的应用，可以帮助企业更全面地了解其财务状况和业绩表现，从而及时做出调整和优化。

（一）财务数据的整合和清洗

企业通常拥有来自多个部门和系统的财务数据，这些数据可能存在格式不一致、重复记录和缺失等问题。大数据技术可以帮助企业将这些数据进行整合和清洗，消除数据冗余和错误，确保财务数据的准确性和完整性。

1.财务数据整合

财务数据整合是指将来自不同系统和部门的财务数据汇集到一个统一的数据平台中，以便进行综合分析和决策支持。在财务数据整合过程中，大数据技术发挥了重要的作用，它具备以下特点：

分布式存储与计算能力。大数据技术使用分布式存储和计算模式，能够处理海量的财务数据。通过横向扩展，大数据系统可以将数据分布存储在多个节点上，实现高效的数据并行处理。这种能力使得财务数据整合不再受限于单一服务器的性能，大大提高了数据处理的效率。

数据标准化与映射。不同系统中的财务数据往往采用各自不同的数据格式和单位，需要进行标准化处理。大数据技术可以通过数据映射和转换，将不同格式的数据转化为统一的标准格式，使得不同数据之间可以进行有效的比较和关联。

数据去重与合并。由于企业可能存在多个数据源，可能会导致数据的冗余和重复记录。大数据技术可以通过去重和合并操作，消除数据冗余，确保数据的一致性和准确性。

2.财务数据清洗

财务数据清洗是指通过识别和纠正数据中的错误、缺失和异常值，以确保数据的质量和准确性。在大数据环境下，财务数据清洗可以借助以下技术手段：

异常值检测。大数据技术可以利用统计方法和机器学习算法，识别财务数据中的异常值。异常值可能是由于数据输入错误、传感器故障或其他原因引起的，通过排除异常值，可以避免其对数据分析和预测的影响。

缺失值填充。财务数据中常常会存在缺失值，这可能是由于数据采集过程中的问题导致的。大数据技术可以通过插值或基于模型的方法填充缺失值，从而保证数据的完整性和一致性。

数据质量评估。大数据技术可以对财务数据的质量进行评估，包括数据的准确性、完整性、一致性等方面。通过数据质量评估，企业可以了解数据的可信度和可用性，为后续的财务分析和决策提供依据。

3.案例分析

一家跨国零售企业拥有多个分布式的财务系统，每个系统包含着不同国家和地区的销售数据、成本数据等。由于各个系统的数据格式和单位存在差异，企业管理者无法直接对全球范围的财务状况进行综合分析。因此，企业引入大数据技术，建立一个统一的数据存储平台，将来自各个系统的财务数据进行整合和清洗。通过数据整合，企业管理者可以实时了解全球范围内的销售业绩、利润情况，帮助其做出跨区域的决策和规划。

（二）数据可视化和仪表盘

大数据技术可以将海量的财务数据用直观的图表和仪表盘形式展示出来。通过数据可视化，企业管理者可以更清晰地了解财务指标的变化趋势和关联关系，帮助其做出更明智的决策。

1.数据可视化的重要性

数据可视化是将复杂的数据和信息通过图表、图像、地图等形式展示出来，使其更易于理解和分析。在财务领域，数据可视化具有重要的意义，因为财务数据通常非常庞杂和复杂，直接查看和分析这些数据可能会很困难。数据可视化可以帮助企业管理者更加直观地了解财务状况，把握企业的经营情况，及时发现问题和机会，从而做出更明智的决策。

2.数据可视化的应用场景

数据可视化在财务领域有广泛的应用场景，以下是一些常见的应用场景：

财务报表可视化。将企业的财务报表，如资产负债表、利润表和现金流量表等，用图表的形式展示出来。这样，企业管理者可以通过直观的图表，更容易地了解企业的财务状况和业绩表现。

销售和收入趋势分析。通过数据可视化，可以将销售额、收入和利润等数据进行趋势分析，帮助企业管理者了解销售和收入的变化趋势，找出潜在的增长机会和风险。

成本和支出分析。将企业的成本和支出数据可视化，可以帮助企业管理者更好地控制成本，优化资源配置，提高利润率。

投资组合可视化。对投资公司或资金管理部门，数据可视化可以帮助管理者更直观地了解投资组合的分布情况，优化资产配置，降低风险。

客户分析和信用评估。通过可视化客户数据，企业管理者可以更好地了解客户的特征和行为，对客户进行分类和评估信用风险。

3.数据可视化工具和技术

实现数据可视化需要借助一些专业的工具和技术，以下是一些常用的数据可视化工具和技术：

数据可视化工具。常见的数据可视化工具包括 Tableau、Power BI、D3.js 等。这些工具提供了丰富的图表和图形选择，可以根据用户需要快速生成各种图表和仪表盘。

数据仪表盘。数据仪表盘是一种集成多个图表和指标的可视化展示界面。通过数据仪表盘，企业管理者可以一目了然地了解企业的关键财务指标和业绩。

交互式可视化。交互式可视化允许根据用户需要自由调整图表和图形的参数，更灵活地探索数据。这样，用户可以根据具体问题进行深入的数据分析。

（三）趋势预测和预警

大数据技术可以利用时间序列分析、回归分析等方法，对财务数据进行走势预测。通过预测，企业管理者可以了解财务指标未来的发展趋势，及早发现潜在的问题和机遇，做出相应的战略调整。

1. 走势预测的重要性

在财务趋势分析中，走势预测是一项关键任务。通过对财务数据进行走势预测，企业管理者可以更好地了解财务指标的未来发展趋势，从而及时做出相应的决策和调整。走势预测帮助企业预测未来的销售额、利润、成本等财务指标，有助于制定长期的经营策略和规划。

2. 走势预测的方法

时间序列分析。时间序列分析是一种常用的趋势预测方法，它基于时间序列数据的历史模式，通过统计学和数学方法来预测未来的数值。常用的时间序列预测模型包括 ARIMA 模型、指数平滑法等。企业可以利用这些模型对财务数据进行预测，从而了解财务指标的未来趋势。

回归分析。回归分析是一种用于研究两个或多个变量之间关系的统计方法。在财务趋势预测中，回归分析可以用来分析财务指标与其他因素（如市场趋势、经济指标等）之间的关系，从而预测财务指标的未来变化。

机器学习算法。机器学习算法在财务趋势预测中越来越受欢迎。通过利用大数据技术和机器学习算法，企业可以建立更复杂和准确的预测模型。常用的机器学习算法包括线性回归、神经网络、决策树等。

3. 走势预测的应用

营收预测。走势预测可以帮助企业预测未来的营收变化趋势。通过分析历史营收数据和市场趋势，企业可以预测出其在未来一段时间内的销售额，从而制订相应的销售策略和计划。

利润预测。利润是企业经营的核心目标之一。走势预测可以帮助企业预测未来的利润水平，及早发现利润下滑的趋势，并采取措施进行调整。

成本预测。走势预测可以帮助企业预测未来的成本变化趋势。通过分析历史成本数据和市场供应情况，企业可以预测出其在未来一段时间内的成本水平，有针对性地采取控制措施。

4.趋势预警的意义

除了走势预测，趋势预警也是财务趋势分析的重要组成部分。趋势预警可以帮助企业及时发现财务数据异常和风险，并采取相应措施避免可能的损失。

趋势预警可以通过设置阈值和预警指标来实现。当财务指标超过或低于预先设定的阈值时，系统会发出预警信号，提醒企业管理者注意并及时采取应对措施。

例如，当企业的销售额出现大幅下降时，系统会发出预警，提醒管理者关注销售情况，调整销售策略，以保持企业的盈利状况。

（四）跨界数据分析

大数据技术可以将财务数据与其他领域的数据进行跨界分析，寻找新的发展机遇和业务模式。例如，企业可以将财务数据与市场数据、用户数据等进行关联分析，发现潜在的市场需求和产品创新方向。

1.跨界数据分析的意义

跨界数据分析是指将不同领域的数据进行关联和整合，从而发现不同领域之间的关联性和潜在机遇。在财务趋势分析中，跨界数据分析可以帮助企业了解财务数据与其他领域数据之间的关系，发现新的发展机遇和业务模式，为企业的战略决策提供更全面和深入的依据。

2.跨界数据分析的应用

市场数据与财务数据关联分析。将财务数据与市场数据进行关联分析，可以帮助企业了解市场环境对财务绩效的影响。例如，分析市场销售数据和企业销售额之间的关系，可以了解市场需求对企业业绩的影响程度，从而优化产品定位和销售策略。

用户数据与财务数据关联分析。将用户数据与财务数据关联，可以帮助企业了解不同用户群体对财务业绩的影响。例如，分析不同用户群体的消费行为与企业收入之间的关系，可以为其提供个性化营销和客户服务策略。

供应链数据与财务数据关联分析。将供应链数据与财务数据关联，可以帮助企业了解供应链的效率和成本对财务绩效的影响。例如，分析供应链的物流运输时间和成本与企业利润之间的关系，可以优化供应链管理，降低成本，提高利润。

社交媒体数据与财务数据关联分析。将社交媒体数据与财务数据关联，可以帮助企业了解社交媒体对品牌知名度和销售额的影响。例如，分析社交媒体中用户对企业产品的评论和企业销售额之间的关系，有助于企业制定更精准的营销策略。

3.成功案例

跨界数据分析在实际中取得了许多成功案例。例如，一家电子商务企业将财务数据与用户数据进行关联分析，发现某一类产品的销售额与特定用户群体的购买行为高度相关。基于这一发现，企业优化了该类产品的推广策略，更加有针对性地进行了营销活动，销售额明显提升。

另一个例子是一家制造业企业将财务数据与供应链数据进行关联分析，发现供应链的物流成本对企业利润有较大影响。企业通过优化供应链管理，降低物流成本，提高了企业的利润率。

以上案例说明了跨界数据分析在财务趋势分析中的应用和意义。通过将财务数据与其他领域数据进行关联和整合，企业可以深入了解不同因素之间的相互影响，从而制定更全面和有针对性的战略决策。

大数据技术在财务趋势分析中的应用，能够帮助企业管理者更全面地了解财务状况和业绩，预测未来的发展趋势，从而做出更明智的经营决策和战略规划。另外，大数据技术还可以加速数据处理和分析过程，提高决策的效率和准确性。

第七章　智能财务报告与绩效评估

第一节　智能财务报告的生成与分析

一、智能财务报告的生成

（一）数据收集与整合

1.内部数据收集

在智能财务报告的生成过程中，企业首先需要从各个部门收集财务数据。这些数据包括会计科目数据、销售数据、成本数据等，涵盖了企业各个方面的财务运营情况。数据的来源包括企业内部的财务系统、ERP 系统、POS 系统等。由于企业规模和业务复杂性的增加，这些财务数据通常是大规模的、分散的，并且可能存在数据格式不一致的情况。

为了有效地收集内部数据，企业管理者可以采用以下措施：

（1）数据集成与清洗。企业可以利用大数据技术，将来自不同系统和数据库的数据进行集成和清洗。数据集成是将分散在不同系统中的数据整合到一起，形成一个统一的数据集。数据清洗是指对数据进行清理和去重，排除数据中的错误和冗余信息。

（2）数据仓库建设。数据仓库是一个用于存储和管理大量结构化和非结构化数据的数据库。通过建设数据仓库，企业可以将各个部门的财务数据统一存储，实现数据的一体化管理和快速查询。

（3）数据质量管理。为了确保财务报告的准确性和可靠性，企业需要对数据质量进行管理。这包括数据验证、数据校验和数据监控等措施，确保数据的准确性和一致性。

2.外部数据采集

除了内部数据，企业还可以获取外部数据来补充和丰富财务报告的内容。外部数据包括宏观经济数据、行业数据、市场数据等，这些数据能够提供企业所处环境的更全面和深入的理解。例如，企业可以获取国家统计局发布的宏观经济数据，了解整体经济运行情况，以及行业协会发布的行业数据，了解行业发展趋势。

外部数据采集可能涉及以下方面：

（1）数据源选择。企业需要选择合适的数据源来获取外部数据。这些数据源包括政府部门、行业协会、金融机构、市场研究机构等。

（2）数据获取与整合。企业可以利用数据抓取技术和 API 接口，从各个数据源获取数据。然后将这些数据进行整合，与内部数据进行关联，形成一个更全面的数据集。

（3）数据分析与挖掘。外部数据的获取不仅仅是为了丰富财务报告的内容，还可以通过数据分析和挖掘，发现潜在的市场机遇和风险。例如，通过对市场数据的分析，企业管理者可以发现市场需求的变化趋势，从而调整产品策略和营销战略。

通过大数据技术的应用，企业管理者可以更全面、准确地了解自身的财务状况和市场环境，从而为其决策和规划提供有力支持。另外，智能财务报告的生成也需要注重数据的质量管理和数据安全保障，确保报告的可信性和可靠性。

（二）报告模板设计

1.确定报告内容

智能财务报告的内容是根据企业的经营情况和决策需求来确定的。通常，智能财务报告应包括以下主要内容：

利润表。利润表是反映企业特定时期内经营成果的财务报表。它包括营业收入、营业成本、销售费用、管理费用、财务费用等项目，最终得出净利润。利润表能够直观地反映企业的盈利能力和经营状况。

资产负债表。资产负债表是反映企业在特定时点上的财务状况的报表。它包括资产、负债和股东权益三个方面的内容。资产负债表能够展示企业的资产结构和资金来源，帮助企业了解自身的财务稳健性和偿债能力。

现金流量表。现金流量表是反映企业特定时期内现金流入和流出情况的报表。它包括经营活动、投资活动和筹资活动三个方面的信息。现金流量表能够揭示企业的现金流动状况，帮助企业合理安排资金和现金管理。

财务指标分析。除了基本的财务报表，智能财务报告还可以包括各种财务指标的分析。这些指标包括利润率、偿债能力、营运能力等，通过对这些指标的分析，企业管理者可以更深入地了解自身的财务状况和竞争力。

市场对比分析。企业可以将自身的财务数据与行业平均水平或竞争对手进行对比分析。这样的分析可以帮助企业管理者了解自身在行业中的地位和优势，从而制定更有针对性的战略。

2.设计报告格式

在设计智能财务报告的格式时，要考虑报告的可读性和易懂性，使管理者能够快速理解和获取重要信息。以下是一些常见的报告格式设计要点：

图表展示。利用各种图表，如折线图、柱状图、饼图等，直观地呈现财务数据的变化趋势和关联关系。图表能够更容易地揭示数据之间的规律，方便管理者进行分析和决策。

表格汇总。通过表格的形式，将大量数据进行汇总和归类，提供更清晰的数据比较和分析。表格可以让管理者快速找到感兴趣的数据，而不需要翻阅大量的原始数据。

文字说明。除了图表和表格，报告中还应包含必要的文字说明，解释数据的含义和背后的原因。文字说明可以帮助管理者更全面地理解财务报告，避免其对数据产生误解。

重点突出。报告应该将重点指标和关键信息突出显示，让管理者更容易关注到这些内容。这样可以帮助管理者快速了解企业的核心财务状况和问题所在。

例如，一家电子产品制造企业的智能财务报告包括以下内容：利润表，资产负债表，现金流量表，以及净利润率、总资产周转率等重要财务指标。报告采用折线图展示营业收入和净利润的趋势，使用表格汇总各项成本和费用，通过文字说明解释盈利增长的原因。另外，该报告还通过对竞争对手的市场份额进行对比，分析企业在市场中的地位和竞争优势。此外，报告还可以加入一些图表，如销售额和广告费用的关系图，以帮助管理者了解市场营销策略的效果。

交互式报告。随着技术的发展，智能财务报告还可以采用交互式设计，使报告更具有灵活性和可操作性。通过交互式报告，管理者可以根据自身需求选择关注的指标和细节，进行数据的切片和深度分析，从而更好地了解企业的财务状况和经营情况。

例如，一家零售企业的智能财务报告采用交互式设计。在报告中，首先展示利润表和资产负债表的整体情况，通过折线图展示该企业过去一年的营业收入和净利润的趋势。其次，可以使用表格展示各个店铺的销售额和成本，以便管理者比较不同店铺的经营状况。再次，报告还可以加入一个地图模块，展示各个地区的销售数据，帮助管理者找到销售热点和不足。最后，报告还可以包含一个预测模块，通过机器学习算法预测未来几个季度的销售额和利润，帮助企业制定长远的经营策略。

（三）数据分析与计算

1.财务指标计算

在智能财务报告的生成过程中，财务指标的计算是非常关键的一步。财务指标是衡量企业财务状况和经营绩效的主要标志，通过对各项财务数据进行计算和分析，可以揭示企业的盈利能力、偿债能力、营运能力等方面的情况。

2.趋势分析

趋势分析是智能财务报告中的另一个重要环节。通过对财务数据的时间序列分析，可以发现数据的周期性和变化趋势，帮助企业管理者了解财务指标的发展趋势和长期表现。

例如，企业可以对过去几年的销售额进行时间序列分析，观察销售额的月度或季度变化趋势。这样的分析可以揭示出销售额是否具有季节性波动，如某个产品在特定季节销售额较高，从而帮助企业制订相应的销售策略和库存管理计划。

3.预测模型建立

预测模型的建立是智能财务报告生成过程中的一项关键任务。通过机器学习算法建立预测模型，可以对未来的财务数据进行预测，帮助企业做出相应的规划和预警。

例如，企业可以利用历史销售数据，建立一个时间序列预测模型，对未来几个季度的销售额进行预测。这样的预测可以帮助企业调整生产和销售计划，优化库存管理，从而更好地应对市场的变化和需求的波动。

通过对财务数据的计算和分析，可以获得丰富的财务指标和趋势信息，帮助企业管理者全面了解自身的财务状况和经营绩效。同时，通过建立预测模型，可以对未来的财务数据进行预测，帮助企业管理者做出合理的决策和规划。在大数据技术的支持下，智能财务报告的数据分析与计算能力将不断提升，为企业的决策提供更准确、全面的支持。

二、智能财务报告的分析

（一）财务指标分析

1.利润能力分析

利润能力是衡量企业盈利水平的主要指标，主要通过利润率等指标来反映。在智能财务报告的分析中，对利润能力进行深入分析可以帮助企业了解盈利情况的变化和原因。

利润率分析。利润率是企业净利润与营业收入之间的比例关系，通常以百分比表示。不同行业的利润率水平会有所不同，因此需要将企业的利润率与同行业或行业平均水平进行对比分析。

例如，某电子产品制造企业的净利润率为10%，而行业平均净利润率为15%。通过分析发现，该企业的利润率较低，可能是由于原材料成本上升和销售价格下降导致的。为了提升利润能力，企业可以考虑优化生产成本、增加产品附加值或开辟新的市场渠道。

净利润分析。净利润是企业在扣除所有费用和税后的利润金额，它是企业盈利情况的直接体现。在智能财务报告的分析中，可以对净利润进行历史趋势分析，发现其变化规律。

例如，某零售企业的净利润在过去三年中呈现逐年上升的趋势。通过分析发现，这是由于该企业推出了新产品、增加了营销力度，吸引了更多顾客，增加了销售额和利润。预测模型建立可以帮助企业对未来几年的净利润进行预测，帮助企业做出相应规划和决策。

盈利能力与成本管理。分析企业的盈利能力时，还需要关注成本管理情况。利润能力的提升不仅仅依靠增加营业收入，还需要合理控制成本开支。

例如，某制造企业在过去一年中利润率较低，通过分析发现主要原因是原材料价格上涨导致成本上升。为了改善盈利能力，企业可以寻找更优质的供应商，采购原材料时机更好，或者优化生产流程，以降低生产成本。

2.偿债能力分析

偿债能力是衡量企业偿还债务能力的指标，主要通过资产负债率和流动比率等指标来反映。在智能财务报告的分析中，偿债能力分析对企业的财务风险评估至关重要。

资产负债率分析。资产负债率是企业总负债与总资产之间的比例关系，它反映了企业资产的融资程度。较高的资产负债率可能意味着企业负债较多，存在较高的偿债压力。

例如，某房地产开发企业的资产负债率为70%，较高的资产负债率表明该企业有较多的项目采用借款融资，存在较高的偿债压力。为了降低偿债风险，企业可以寻求更多的股权融资或通过资产处置来减少负债。

流动比率分析。流动比率是企业流动资产与流动负债之间的比例关系，它反映了企业偿债能力和短期偿债能力。

例如，某零售企业的流动比率为1.5，较低的流动比率可能表明企业短期偿债能力较弱，可能无法及时偿还应付账款。为了提高流动比率，企业可以优化资金运作，增加流动资产的比例，或者通过借款来增加流动资金。

3.营运能力分析

营运能力是衡量企业资源利用效率的指标，主要通过存货周转率和应收账款周转率等指标来反映。在智能财务报告的分析中，营运能力分析帮助企业了解资源利用的效率，并找到提高运营效率的途径。

存货周转率分析。存货周转率是企业销售成本与平均存货之间的比例关系，它反映了企业存货的周转速度。

例如，某制造企业的存货周转率为8次，较高的存货周转率表明企业存货周转速度快，存货不会长期积压，有助于提高资金的周转效率。如果存货周转率较低，企业可以优化库存管理，减少过剩存货，提高存货周转率。

应收账款周转率分析。应收账款周转率是企业营业收入与平均应收账款之间的比例关系，它反映了企业收取应收账款的效率和速度。较高的应收账款周转率意味着企业能够较快地收回应收账款，有助于提高企业的资金流动性。

例如，某批发商企业的应收账款周转率为12次，较高的周转率表明该企业较快地收回了应收账款。这可能是由于该企业建立了有效的信用管理措施，对客户的信用风险进行了评估，并且及时跟进应收账款的回收工作。

如果应收账款周转率较低，可能表明企业在收取应收账款时存在困难，可能需要采取措施来加强客户信用评估，改进收款流程，或者与客户进行积极沟通，催促应收账款的回收。

（二）趋势分析

1.财务数据趋势分析

财务数据趋势分析是智能财务报告中的关键部分，通过对企业财务数据的历史走势进行分析，可以发现数据的周期性和季节性规律，从而预测未来的趋势。在趋势分析中，常用的方法包括时间序列分析和移动平均法。

时间序列分析。时间序列分析是一种研究时间序列数据的统计方法，它关注数据随时间的变化趋势。在财务趋势分析中，可以利用时间序列分析方法，如自回归综合移动平均模型（ARIMA）来预测未来财务数据的变化。通过对历史数据进行拟合和预测，可以得出在未来一段时间内财务数据的变化趋势，帮助企业做出相应的决策和规划。

移动平均法。移动平均法是一种平滑时间序列数据的方法，它通过计算连续若干期的平均值来消除数据的随机波动，从而更好地展示数据的趋势。在财务趋势分析中，可以利用移动平均法平滑财务数据，识别数据的长期趋势和周期性变化，帮助企业了解财务状况的发展方向。

例如，一家零售企业可以利用时间序列分析和移动平均法来预测未来季度的销售额。

通过分析过去几年的销售数据，建立相应的时间序列模型，并计算移动平均值，可以得出企业未来销售额的预测结果。这样的预测可以帮助企业合理安排库存和采购，优化供应链管理，提高销售额和利润。

2.行业对比分析

行业对比分析是将企业的财务数据与同行业或类似企业的平均水平进行对比，从而了解企业在行业中的位置和优势。这种分析可以帮助企业发现自身的优势和不足，了解行业的整体竞争情况，并从中获取启示和借鉴。

在行业对比分析中，需要选择合适的对比指标，通常包括利润率、偿债能力、运营效率等财务指标。通过将企业的财务数据与同行业企业的平均值或行业标准进行对比，可以得出企业在某一方面表现优于行业平均水平或者需要加强改进的方面。

例如，一家制造业企业可以对比同行业其他企业的资产周转率。如果发现企业的资产周转率明显高于行业平均水平，这就意味着其更有效地利用资产实现销售，具有较好的运营效率。相反，如果资产周转率低于行业平均水平，企业可能需要优化生产流程，提高资产利用率，以提高运营效率。

通过财务数据趋势分析和行业对比分析，企业可以更全面地了解财务状况的发展趋势和与行业的相对竞争优势。这些分析结果可以帮助企业管理者制定相应的战略和决策，以实现持续的财务改进和业务发展。

第二节　大数据在财务绩效评估中的应用

财务绩效评估是企业衡量经营成果和业绩的关键手段，对决策者和投资者来说具有重要意义。大数据技术的发展为财务绩效评估提供了更全面、准确和实时的数据支持，使得企业能够更好地理解自身的财务状况，及时调整经营策略，提高经营效率和竞争力。

一、企业财务绩效评估的内涵

企业财务绩效评估是指通过对企业的财务数据和财务指标进行分析和评估，来衡量企业的经营成果和业绩的过程。

（一）财务指标评估、比较分析和趋势分析

企业财务绩效评估的核心是对财务指标的评估和比较分析。这部分主要涵盖了以下内容：

财务指标评估。财务指标是反映企业财务状况和业绩的重要数据。在财务绩效评估中，企业需要对一系列财务指标进行评估，包括但不限于利润率、净利润、总资产收益率、流动比率、速动比率等。通过对这些指标的分析，企业可以了解自身的盈利能力、偿债能力、运营效率等方面的表现，从而找到存在的问题和潜在的改进方向。

　　财务比较分析。除了评估企业自身的财务指标，企业还需要进行财务比较分析。这包括与行业平均水平的对比以及与竞争对手的对比。通过与同行业其他企业的比较，企业可以了解自身在行业中的地位和优劣势，发现业务上的差距和不足。同时，与竞争对手的比较可以帮助企业了解竞争态势，制定更有针对性的竞争策略。

　　趋势分析。财务绩效评估需要进行趋势分析，即对财务数据的历史走势进行分析。通过趋势分析，企业可以发现数据的周期性、趋势性和季节性规律。这样的分析有助于预测未来的财务表现和风险，为企业的战略规划和预警提供重要依据。

（二）财务风险评估和持续改进

　　另外，财务绩效评估还包含财务风险评估和持续改进两个方面的内容：

　　财务风险评估。财务风险评估是对企业财务风险的识别和评估，包括市场风险、信用风险、流动性风险等。企业需要通过风险评估，了解可能面临的风险，制定相应的风险管理策略，以保护企业的财务安全。

　　持续改进。财务绩效评估不是一次性的活动，而是一个持续改进的过程。企业需要根据评估结果，不断优化经营策略，改进财务绩效。在这个过程中，数据的收集、分析和报告是持续进行的，以适应市场变化和挑战。另外，企业还需要建立有效的反馈机制，及时调整绩效目标和措施，确保目标的实现。

　　企业财务绩效评估的内涵涵盖了财务指标评估、比较分析、趋势分析、财务风险评估和持续改进五个方面。这些内容相互交织，为企业提供了全面、准确和及时的财务数据支持，帮助企业管理者做出明智的决策，提高企业经营效率和竞争力。

二、大数据分析在财务绩效评估的应用

　　大数据技术在财务绩效评估中发挥着重要作用，它为企业提供了更全面、准确、实时的数据支持，从而使得财务绩效评估更具科学性和有效性。

（一）数据的全面收集和整合

　　在现代企业中，数据的来源非常丰富，涉及各个部门和业务流程。财务绩效评估需要综合考虑多个方面的数据，包括财务数据、销售数据、成本数据、供应链数据、市场数据、行业数据等。大数据技术可以帮助企业从这些多样化的数据源中收集数据，并进行整合和清洗。

　　例如，财务数据通常存储在企业的财务系统中，包括利润表、资产负债表、现金流量表等。销售数据和成本数据则通常保存在销售系统和供应链系统中，包括销售额、销售成本、生产成本等。市场数据和行业数据可以从外部数据供应商或公开数据源获取，包括市场需求、竞争情况、行业发展趋势等。

　　通过大数据技术，企业可以将来自不同数据源的数据进行整合，消除"数据孤岛"，形成一个全面的财务数据集。这样的数据集涵盖了多个方面的信息，有助于企业管理者更全面地了解自身的财务状况和业务表现。

（二）数据的实时处理与分析

随着业务的复杂化和市场的变化，财务绩效评估需要实时更新数据，并及时进行分析。大数据技术具备快速处理大规模数据的能力，可以对海量的财务数据进行实时处理和分析。

传统的数据处理方法可能无法在实时性要求下满足快速处理的需求，而大数据技术可以通过分布式计算和并行处理等方法，实现对大量数据的高效处理。这使得决策者可以随时获取最新的财务数据，并进行实时的绩效评估和决策。例如，在季末财务报告中，大数据技术可以及时生成报告并对业绩进行分析，为管理者提供重要的决策支持。

（三）趋势分析与预测

财务绩效评估不仅需要对当前数据进行分析，还需要对历史数据进行趋势分析和未来数据进行预测。大数据技术支持复杂的数据分析算法和模型，如时间序列分析、回归分析和机器学习算法等，这些算法可以帮助企业进行趋势分析和未来预测。

通过趋势分析，企业可以了解财务数据的周期性和季节性规律，发现业务的高峰和低谷。预测模型可以根据历史数据的趋势和变化规律，预测未来财务状况，帮助企业预先做好准备和规划。

（四）数据可视化与报告

大数据技术提供了强大的数据可视化工具，可以将复杂的财务数据以直观的图表、仪表盘和报告形式展示出来。数据可视化使得决策者可以更直观地理解财务数据的关系和趋势，便于其做出科学决策。

例如，在财务绩效评估报告中，通过使用折线图、柱状图和饼图等图表，决策者可以一目了然地了解企业的财务状况和业务表现；交互式的仪表盘可以帮助决策者根据自己的需求对数据进行筛选和分析，从而更好地理解数据的含义和趋势。

大数据分析在财务绩效评估中的应用可以帮助企业从多样化的数据来源收集数据，进行数据的全面整合和清洗，提高数据的准确性和实时性，实现趋势分析和未来预测，同时通过数据可视化帮助决策者更直观地理解数据，从而为财务绩效评估提供更全面、准确和实时的数据支持，使得财务绩效评估更具科学性和有效性。

第三节　智能财务报告对管理决策的影响与优化

一、智能财务报告的内涵

智能财务报告是指利用先进的技术和工具，如大数据分析、人工智能、数据可视化等，对企业财务数据进行综合分析和展示，以帮助决策者更好地理解企业的财务状况和业务表现，从而做出更明智的经营决策。智能财务报告相较传统的财务报告具有以下特点：

（一）自动化处理

智能财务报告利用先进的技术和算法，可以自动从多个数据源收集和整合财务数据，实现自动化处理和分析。这大大减少了财务人员手工处理数据的工作量，提高了效率，并避免了人为错误。

1. 数据收集自动化

多数据源集成。智能财务报告可以从多个内部和外部数据源自动收集数据，包括企业内部财务系统、销售系统、供应链系统等，以及外部的市场数据、行业数据等。通过自动化集成多个数据源，实现了数据的全面性和及时性。

实时数据更新。智能财务报告可以实时更新数据，保证决策者获取最新的财务信息。实时数据更新有助于管理者把握企业当前的财务状况，及时调整经营策略。

2. 数据清洗和处理自动化

数据清洗。大数据技术可以对收集到的财务数据进行自动化清洗，排除错误数据、处理缺失值等，提高数据的准确性和可信度。

数据标准化。智能财务报告可以将来自不同数据源的数据进行标准化处理，使得数据格式一致，方便后续的分析和比较。

数据转换。智能财务报告可以自动将原始数据转换为可分析的格式，如将文本数据转换为数值数据，以支持后续的统计和机器学习算法应用。

3. 数据分析自动化

自动化分析算法。智能财务报告利用大数据分析和机器学习算法，可以自动进行数据分析，如趋势分析、相关性分析、预测模型建立等。这些算法的自动化应用，可以加速数据分析过程，提高分析的准确性和深度。

异常检测。智能财务报告可以自动检测财务数据中的异常情况，如异常的收入、支出或者资产负债比例等，帮助决策者及时发现潜在的问题和风险。

4. 报告生成自动化

自动化报告模板。智能财务报告可以根据企业的需求自动生成报告模板，根据不同的角色和职责，生成相应的报告内容，实现个性化定制。

数据可视化。智能财务报告利用数据可视化技术，自动生成直观清晰的图表、仪表盘和报告，使得数据更易于理解和分析，为决策者提供直观支持。

总体而言，智能财务报告自动化处理的特点在于它利用大数据技术和算法，实现了数据收集、清洗、分析和展示的自动化，可以提高财务数据处理的效率和准确性，为企业的决策者提供更科学、准确和及时的财务信息支持。

（二）实时性和及时性

智能财务报告可以通过实时数据更新和分析，及时反映企业最新的财务状况和业务表现。这对决策者来说非常重要，使其能够快速做出决策，并对业务进行及时调整。

1. 实时数据更新和分析的特点

实时数据收集。智能财务报告利用大数据技术可以从多个数据源实时收集财务数据，包括企业内部财务系统、销售系统、供应链系统，以及外部的市场数据、行业数据等。实时数据收集确保了数据的最新性，反映了企业在最短时期内的财务状况和经营情况。

实时数据处理。收集到的财务数据经过自动化的清洗、整合和转换处理，确保数据的准确性和一致性。这为财务人员在进行后续分析提供高质量的基础。

实时数据分析。智能财务报告利用大数据分析和机器学习算法，能够快速对海量财务数据进行实时分析。这样，决策者就可以随时获取最新的财务数据分析结果，及时了解企业的经营状况和业绩表现。

实时数据可视化。智能财务报告通过数据可视化技术，将实时分析结果以直观、易懂的图表和仪表盘展示出来。这样，决策者就可以通过直观的数据可视化工具快速把握财务状况，做出快速决策。

2. 及时反映企业财务状况和业务表现的特点

及时决策支持。智能财务报告的实时性和及时性确保决策者能够在需要时及时获取最新的财务数据和分析结果。这样，决策者就可以及时做出决策，并对业务进行调整，以应对市场的变化和挑战。

及时发现问题和机遇。由于智能财务报告能够实时反映企业的财务状况和业务表现，决策者可以及时发现潜在的问题和机遇。例如，如果财务数据显示销售额出现下滑，决策者就可以及时采取措施，推动销售增长；如果财务数据显示某个产品线的利润率上升，决策者就可以及时加大对该产品线的投资力度，进一步提高利润。

及时调整战略和规划。智能财务报告提供的及时信息有助于企业管理者对战略和规划进行及时调整。决策者可以根据最新的财务数据，对公司的战略目标和发展规划进行调整，确保企业在竞争激烈的市场中保持灵活性和竞争力。

及时反馈绩效目标。通过实时的财务绩效评估，智能财务报告可以及时反馈企业的绩效目标完成情况。这有助于决策者及时调整绩效目标，激励员工，促进业绩的持续提升。

智能财务报告的实时性和及时性特点为企业的决策者提供了准确、全面、及时的财务数据和分析结果，使其能够快速做出决策，并在不断变化的市场环境中保持竞争优势。这种自动化处理的特点对企业的财务绩效评估和决策制定具有重要意义。

（三）全面性

智能财务报告综合考虑了多个数据来源和指标，包括财务数据、销售数据、成本数据、供应链数据、市场数据等。通过综合分析这些数据，智能财务报告提供了更全面的企业绩效评估。

1. 综合多个数据来源

财务数据。智能财务报告从企业内部财务系统中收集财务数据，包括利润表、资产负债表、现金流量表等。这些财务数据是评估企业经营状况和盈利能力的基础。

销售数据。智能财务报告包括来自销售系统的销售数据，包括销售额、销售量、销售渠道等。销售数据反映了企业的市场表现和销售情况。

成本数据。成本数据是评估企业经营成本和盈利能力的主要指标。智能财务报告收集并分析企业的成本数据，包括生产成本、销售成本等。

供应链数据。智能财务报告综合考虑供应链数据，包括库存水平、供应商表现等。供应链数据对企业的运营效率和成本控制具有重要影响。

市场数据。智能财务报告考虑了市场数据，包括市场需求、竞争情况、市场份额等。这些数据帮助企业了解市场环境和趋势，指导决策和规划。

2.综合多个指标

财务指标。智能财务报告综合考虑了多个财务指标，如利润率、偿债能力、营运能力等。这些财务指标从不同角度反映了企业的财务状况和业绩表现。

经营指标。除了财务指标，智能财务报告还包括经营指标，如销售增长率、市场份额等。这些经营指标对企业的运营效率和市场竞争力具有重要影响。

绩效指标。智能财务报告还综合考虑了绩效指标，如员工绩效、客户满意度等。这些绩效指标对企业的长期发展和可持续性至关重要。

3.数据综合分析

大数据技术。智能财务报告利用大数据技术进行数据综合分析，将多个数据源和指标进行整合和关联，形成全面的企业绩效评估报告。

数据关联分析。智能财务报告通过数据关联分析，发现不同数据之间的关联关系，从而更全面地理解企业的绩效情况。

趋势分析。智能财务报告通过时间序列分析等方法，对历史数据进行趋势分析，预测未来的发展趋势。

通过综合多个数据来源和指标，并利用大数据技术进行数据综合分析，智能财务报告为企业提供了全面的绩效评估，帮助企业管理者了解自身状况，做出科学决策，并持续提升业务表现。

（四）个性化定制

智能财务报告可以根据不同决策者的需求进行个性化定制，根据他们的角色和职责提供相应的数据和分析结果。这使得报告更具有针对性和实用性。

1.决策者角色识别

用户身份认证。智能财务报告通过身份认证技术，识别不同决策者的身份，如CEO、CFO、区域经理等，从而为他们提供个性化的报告内容。

角色权限设置。根据决策者的角色和职责，智能财务报告设置相应的数据访问权限，确保他们只能查看与其职务相关的财务数据。

2.定制化报告内容

关键指标重点突出。智能财务报告针对不同决策者的职责，将关键指标和关注点进行重点标准，使其在报告中一目了然，减少信息过载现象。

报告格式个性化。智能财务报告可以根据用户的喜好和习惯，提供多种报告展示格式，如图表、表格、文字说明等，以满足用户的个性化需求。

3. 实时性与灵活性

实时数据更新。智能财务报告可以根据用户的要求实时更新数据，确保报告中的信息是最新的，帮助决策者做出及时决策。

灵活筛选与调整。智能财务报告允许用户根据需要对数据进行灵活筛选和调整，可以按时间段、业务部门等维度进行数据过滤，满足不同用户的个性化分析需求。

4. 智能推荐功能

智能分析和建议。智能财务报告利用数据挖掘和机器学习技术，对用户的历史查询和分析行为进行学习，从而能够智能推荐相关的分析结果和建议。

个性化提醒。智能财务报告可以根据用户的关注点，提供个性化的提醒和警示信息，帮助决策者及时发现重要的财务变化和潜在风险。

5. 多维度数据交互

数据探索与对比。智能财务报告允许用户进行多维度的数据探索和对比分析，可以将不同指标进行横向或纵向对比，帮助用户深入了解财务数据的关联性。

自定义指标。智能财务报告允许用户根据需要添加自定义指标，从而满足用户特定的财务分析需求。

智能财务报告个性化定制的特点在于根据不同决策者的角色和职责提供相应的数据和分析结果，实时更新数据并允许灵活筛选和调整，利用智能推荐功能提供智能分析和建议，以及提供多维度的数据交互，从而使报告更有针对性、实用性和适应性。这样的特点使得决策者能够更好地理解财务状况，做出更明智的决策，推动企业持续发展。

总体而言，智能财务报告通过应用先进的技术和工具，提供了更自动化、实时化、全面化和可视化的财务数据分析和展示，使得决策者能够更科学地理解企业财务状况和业务表现，从而做出更明智的经营决策。

二、智能财务报告对管理决策的影响

（一）更准确的数据支持

1. 数据全面性

智能财务报告通过大数据技术和智能算法，能够从多个内部和外部数据源收集数据，包括财务系统、销售系统、供应链系统、市场数据、行业数据等。这些数据来源广泛，包括企业各个方面的关键信息，如收入、成本、利润、资产负债等。传统的财务报告可能只涵盖财务系统中的数据，无法全面反映企业的运营情况。智能财务报告将这些多样化的数据进行整合，形成全面的财务数据集，使管理者能够一目了然地了解企业的整体运营状况。

多维度数据分析。智能财务报告能够将不同数据源的数据进行横向和纵向的对比和分析，从多个维度展示企业的财务状况。例如，管理者可以通过智能财务报告同时查看销售数据和成本数据，分析产品的销售收入和生产成本之间的关系，找出影响利润的主要因素。这样的分析有助于确定哪些产品或业务部门对企业利润的贡献较大，从而优化资源配置和业务战略。

数据细节展示。智能财务报告可以将数据进行细化和分类，让管理者能够深入了解企业各个方面的运营状况。例如，在利润分析方面，智能财务报告可以展示不同产品线或地区的利润状况，让管理者对企业不同业务板块的盈利能力有更准确的了解。这样的数据细节展示有助于管理者找出业务中的薄弱环节和优势板块，并做出相应的战略决策。

2.实时性

智能财务报告具有实时数据更新的特点，可以及时反映企业最新的财务状况和业务表现。这对管理决策者来说非常重要，因为在快节奏的商业环境中，及时的信息对其做出明智的决策至关重要。

迅速响应市场变化。通过实时数据更新，智能财务报告能够捕捉到市场的快速变化，让管理者及时了解企业在不同市场环境下的业绩表现。例如，在特定时期销售额下降，管理者可以立即查看智能财务报告，了解具体的销售数据和利润情况，从而及时制定相应的促销策略或调整产品定价，以应对市场竞争。

及时调整经营策略。智能财务报告的实时数据更新让管理者能够更准确地评估企业经营的效果，及时发现问题和机遇。如果某项业务表现良好，管理者就可以迅速调整资源分配，加大投入，进一步发展该业务。相反，如果某项业务亏损或表现不佳，管理者可以及时制定改进措施，避免损失扩大。实时数据对管理者做出精准的决策具有重要的促进作用。

通过更准确的数据分析，管理者可以深入了解企业的财务状况和业务表现，及时发现问题和机遇，做出更明智的决策，推动企业持续发展。

（二）智能分析与预测

1.趋势分析

智能财务报告利用先进的时间序列分析方法，对历史财务数据进行趋势分析。这种分析可以帮助管理者了解企业财务数据的长期发展趋势，包括收入、利润、资产负债等指标的变化情况。通过趋势分析，管理者可以识别财务数据的周期性和季节性变化，预测未来的发展趋势，为决策提供重要的参考依据。

例如，某电子产品制造企业通过智能财务报告发现过去几年的销售额呈现明显的季节性波动，每年第四季度销售额明显增加，可能与节假日购物季有关。基于这一趋势，管理者可以合理安排生产和库存，确保在销售旺季满足市场需求，同时在淡季采取适当的市场促销策略。

2.预测模型建立

智能财务报告通过应用机器学习算法，建立预测模型对企业未来的财务数据进行预测。这些预测模型能够根据历史数据和市场趋势，预测未来的销售额、利润、成本等关键指标，帮助企业管理者及早发现潜在的问题和机遇，制定相应的战略和计划。

例如，一家零售企业使用智能财务报告中的预测模型预测其未来一年的销售额。根据历史销售数据、市场趋势和宏观经济指标，预测模型得出预计的销售额增长率。如果预测显示增长率较低，管理者就可以采取措施，如增加广告宣传、推出新产品等，以促进销售增长。反之，如果预测显示增长率较高，管理者就可以考虑增加产能，确保生产满足市场需求。

智能财务报告通过趋势分析和预测模型的应用，为管理者提供了更准确的数据和更明智的决策支持。趋势分析帮助管理者了解财务数据的发展趋势，预测模型帮助管理者预测未来的财务状况，让企业管理者能够更加精确地做出战略规划和业务决策，提高经营效率和竞争力。

（三）个性化定制的报告

1.决策者角色识别

智能财务报告可以根据不同决策者的角色和职责，识别其所需的财务数据和分析指标。对不同层级和部门的管理人员，智能财务报告能够提供与其职务相关的关键财务指标和数据，帮助他们快速了解企业的财务状况，并做出相应的决策。

例如，公司的高级管理层通常关注整体的财务表现，如总体收入、净利润、资产负债情况等。智能财务报告会根据这些决策者的角色，提供综合性的财务指标报告，让高级管理者能够直观地了解公司的经营状况。

2.报告格式灵活

智能财务报告允许用户根据需要选择报告展示的格式，如图表、表格、文字说明等。这种灵活性使决策者可以根据自己的偏好和分析习惯，选择最适合自己的报告格式，以更好地理解和分析财务数据。

例如，销售部门的经理可能更喜欢以图表的形式展示销售额的变化趋势，而财务部门的经理更关注资产负债表中的各项指标。智能财务报告会根据不同经理的角色和需求，为他们提供相应的图表和表格报告，使他们能够更方便地查看和分析自己关心的数据。

三、智能财务报告对管理决策的优化

（一）提高决策效率

1.自动化处理

智能财务报告利用大数据技术和智能算法，实现对财务数据的自动化处理。通过自动从多个数据源收集、整合和清洗数据，智能财务报告减少了财务人员用手工处理数据的工作量，提高了决策效率。决策者无须花费大量时间和精力整理数据，就可以将更多精力放在数据分析和决策制定上。

例如，在传统的财务报告制作过程中，财务人员需要手动从各个系统和部门收集数据，并进行数据整合和清洗，这可能会耗费大量时间和人力资源。通过智能财务报告系统，这些繁琐的数据处理工作可以自动完成，从而节省了时间和资源。

2. 实时数据更新

智能财务报告通过实时数据更新，使决策者可以随时获取最新的财务数据，帮助他们做出及时的决策。这种实时性能够帮助企业管理者及时发现问题和机遇，并做出相应的调整和决策，从而提高决策的效率和准确性。

例如，某公司的销售部门经理通过智能财务报告系统可以实时查看每日的销售额、销售渠道和地区分布等数据。如果某个地区的销售额较低，该经理可以立即采取措施，如调整促销策略或增加广告投放，以提高该地区的销售业绩。

3. 智能分析与决策支持

智能财务报告利用大数据分析和机器学习算法，能够对海量的财务数据进行深度分析和挖掘，为决策者提供更全面、准确的数据支持。智能报告系统可以根据决策者的需求，提供个性化的数据分析和指标展示，帮助他们更快速地了解数据，做出更明智的决策。

例如，公司的高级管理者通过智能财务报告系统可以查看每个业务部门的绩效指标，如销售额、成本和利润率等。如果某个业务部门的利润率较低，高级管理者可以通过系统的智能分析，找到出现该问题的原因，即可能是成本控制不当或销售策略不当。然后，他们可以有针对性地制定改进措施，提高该部门的盈利能力。

智能财务报告通过自动化处理和实时数据更新，提高了决策效率，使决策者能够更快速地获取准确的财务数据。同时，智能分析和决策支持能力帮助决策者更深入地了解财务数据，做出更明智的决策。这些优势使得智能财务报告成为管理决策的重要工具，为企业的发展和竞争提供有力支持。

（二）提升决策准确性

1. 数据智能推荐

智能财务报告利用数据挖掘和机器学习技术，对决策者的历史查询和分析行为进行学习，从而能够智能地推荐相关的分析结果和建议，提升决策的准确性。通过对决策者的偏好和行为进行分析，系统可以主动推送相关的财务指标和关键数据，减少决策者在海量数据中搜索所需信息的时间，帮助他们更快速地做出决策。

例如，某公司的财务经理经常关注销售额和利润率等指标，而智能财务报告系统通过学习其查询行为，主动推荐与销售额和利润率相关的其他指标，如销售渠道分布、产品销售组合等。这些推荐可以帮助财务经理全面了解销售绩效，更准确地评估公司的盈利能力。

2. 数据可视化

智能财务报告以图表、仪表盘等可视化形式展示数据，帮助决策者更直观地了解财务数据的关联关系，减少了对数据的误解和误判。通过直观的数据可视化，决策者可以更容易地发现数据中的模式和趋势，从而做出更明智的决策。

例如，某公司的营销经理通过智能财务报告系统可以直观地查看各个销售渠道的销售额和毛利润率的变化趋势，同时可以通过对比不同渠道的数据，发现哪些渠道的表现较好，哪些渠道需要改进。这些可视化数据帮助营销经理更准确地评估各个渠道的贡献和盈利能力。

（三）加强决策依据

1. 全面数据支持

智能财务报告提供全面、多维度的数据支持，使决策者能够对企业财务状况有更全面的了解，从而加强决策的依据。传统的财务报告通常只提供一些基本的财务指标，而智能财务报告可以从多个数据源中收集和整合财务数据，包括财务系统、销售系统、供应链系统、市场数据、行业数据等。这些多样化的数据来源使决策者可以从不同角度综合分析企业的财务状况，发现潜在的问题和机遇，从而更准确地做出决策。

例如，一家零售企业的财务经理可以通过智能财务报告查看销售额、毛利润率、库存水平等财务数据，同时还可以获取与销售额相关的市场数据、客户反馈等外部数据。通过综合分析内部和外部数据，财务经理可以更全面地了解企业的营运状况，判断产品销售情况以及市场竞争力，并做出相应的调整和决策。

2. 个性化信息呈现

智能财务报告根据决策者的需求提供个性化定制的报告内容，使其能够获取与其职务相关的关键财务信息，增强了决策的针对性。不同决策者在企业中担任不同的角色和职务，对财务数据的需求也会有所不同。智能财务报告可以根据决策者的角色识别，提供与其职务相关的财务指标和数据，减少不必要的信息冗余，使决策者能够更快速地获取到所需信息。

例如，一家制造企业的生产经理和销售经理在财务数据的需求上存在差异。生产经理关注生产成本、生产效率等与生产相关的数据，而销售经理更关心销售额、客户满意度等与销售相关的数据。智能财务报告可以根据两位经理的需求分别定制报告，使他们能够获取到与其职务相关的财务数据，提升了决策的针对性和效率。

智能财务报告通过提供全面数据支持和个性化信息呈现，加强了管理决策的依据。决策者可以从多个数据角度综合分析企业的财务状况，获取与其职务相关的关键财务信息，从而更准确地做出决策，为企业的发展提供有力支持。

（四）提高决策灵活性

1. 灵活筛选与调整

智能财务报告允许决策者根据需要进行灵活的数据筛选和调整，可以按时间段、业务部门等维度进行数据过滤，提高了决策的灵活性。传统的财务报告通常是按照固定的指标和维度展示数据，不太适应不同决策者的特定需求。智能财务报告则允许决策者根据自己的关注点和需求，灵活选择需要的数据指标和维度，以便更好地了解财务状况并做出决策。

例如，一家跨国企业的财务总监需要对不同地区的财务状况进行比较，以便做出跨地区资源调配决策。通过智能财务报告，他可以根据不同地区进行数据筛选，只关注所需地区的财务数据，而不受其他地区数据的影响，提高了决策的灵活性和针对性。

2.多维度交互分析

智能财务报告支持多维度的数据交互分析，决策者可以进行横向或纵向对比分析，深入了解财务数据的关联性，增强了决策的灵活性。智能财务报告通常以数据可视化的方式呈现，通过交互式图表和仪表盘，决策者可以自由选择不同维度进行数据分析，如按时间、产品线、市场区域等维度进行数据对比，从而更好地发现问题和机遇。

例如，一家零售企业的市场营销经理希望了解不同产品在不同地区的销售情况，以便优化营销策略。通过智能财务报告，该市场营销经理可以选择特定的产品线和地区进行交互式分析，比较不同产品在不同地区的销售额和毛利润率等指标，帮助他更灵活地调整市场策略，提高销售业绩。

智能财务报告在管理决策中的影响和优化体现在提供更准确的数据支持、实现智能分析和预测、个性化定制报告、提高决策效率和准确性、加强决策依据和提高决策灵活性等方面。通过这些优势，智能财务报告能够帮助企业管理者做出更明智的决策，推动企业的持续发展。

第八章　智能财务风险管理与合规

第一节　大数据在财务风险管理中的应用场景及其带来的挑战

在当今复杂多变的商业环境下，财务风险管理成为企业至关重要的工作内容。大数据技术在财务风险管理中扮演着至关重要的角色，它可以从多个数据源收集和分析大规模数据，为企业提供更全面、准确的风险识别和预测，同时也面临一些挑战。

一、大数据在财务风险管理中的应用场景

（一）风险识别与预警

大数据技术可以帮助企业从海量的财务数据中快速识别潜在风险，如异常交易、财务造假等。通过数据挖掘和机器学习算法，大数据可以自动识别异常模式和异常趋势，并发出预警信号，使企业能够及时采取应对措施。

1.风险识别与预警概述

在复杂多变的商业环境下，企业面临着各种潜在的财务风险，包括市场风险、信用风险、操作风险等。及时识别并预警这些风险对企业的经营和发展至关重要。传统的财务风险管理方式往往依赖于人工审计和静态的规则，效率较低且容易忽视细微的异常情况。大数据技术的应用为财务风险管理带来了全新的可能性，通过快速处理大量的财务数据，智能地识别异常的模式和趋势，并发出预警信号，使企业能够及时地应对潜在的风险。

2.大数据在风险识别中的应用场景

异常交易监测。大数据技术可以分析企业的交易数据，识别出与正常模式不符的异常交易。例如，如果某个客户的交易金额突然大幅增加，或者出现频繁的异常交易模式，这可能是潜在的风险信号。通过大数据分析，企业可以快速发现这些异常交易，并及时采取措施，防止潜在的损失。

财务造假监测。大数据技术可以通过对企业财务数据的综合分析，识别出可能存在的财务造假行为。例如，如果企业的财务指标出现异常的波动，或者与行业平均水平明显不符，这可能就是财务造假的信号。通过大数据分析，企业可以及时发现财务造假行为，保护投资者和利益相关者的利益。

经营风险预警。除了财务方面的风险，大数据技术还可以帮助企业识别经营风险。例如，

通过分析供应链数据和销售数据，企业可以预测供应链中存在的潜在问题，如供应短缺或物流延迟，从而及时采取措施保证生产和销售的稳定性。

（二）信用风险评估

大数据技术可以整合内部和外部数据源，对客户和供应商进行全面的信用评估。通过分析客户的历史交易数据、社交媒体行为、支付记录等信息，大数据可以更准确地评估客户的信用风险，帮助企业避免产生潜在的坏账风险。

1. 信用风险评估概述

在企业经营过程中，与各类客户和供应商进行交易是不可避免的。然而，不同的客户和供应商的信用状况各不相同，其违约风险也不同。传统的信用评估方法往往依赖有限的内部数据，很难全面客观地评估风险。大数据技术的应用为信用风险评估带来了新的突破，通过整合多种内外部数据源，对客户和供应商进行全面的信用评估，帮助企业准确识别高风险对象，降低违约风险。

2. 大数据在信用风险评估中的应用场景

多维度数据整合。大数据技术可以整合客户的多维度数据，包括历史交易数据、行为数据、社交媒体数据等。通过对这些数据进行综合分析，企业可以全面了解客户的信用状况，发现潜在的风险因素。

社交网络分析。大数据技术可以分析客户在社交媒体上的行为，了解其社交关系和影响力。社交网络分析可以帮助企业评估客户的社交信用，从而更准确地预测其信用风险。

数据挖掘与预测建模。大数据技术可以应用数据挖掘和机器学习算法，建立信用风险预测模型。通过对历史数据的分析，模型可以预测客户未来的信用表现，帮助企业及时采取风险控制措施。

（三）市场风险分析

大数据技术可以收集和分析市场数据、行业数据、宏观经济数据等，帮助企业了解市场趋势和行业风险。通过对市场数据的实时监测和分析，企业可以及时调整经营策略，降低市场风险。

1. 市场风险分析概述

市场风险是指由于市场行情、行业竞争、宏观经济等因素引起的企业经营风险。对市场风险的准确分析和预测对企业的发展至关重要。大数据技术的应用为市场风险分析提供了新的手段和可能性。通过收集和分析大量的市场数据、行业数据和宏观经济数据，企业可以更全面、准确地了解市场趋势和行业风险，从而及时调整经营策略，降低市场风险。

2. 大数据在市场风险分析中的应用场景

市场趋势分析。大数据技术可以收集和分析市场行情数据，包括股票价格、商品价格、汇率等信息。通过对这些数据的趋势分析，企业可以了解市场的波动情况，预测未来的市场趋势，从而做出相应的决策。

行业竞争分析。大数据技术可以整合多个数据源，包括行业数据、竞争对手数据等，对行业竞争情况进行分析。通过对竞争对手的市场份额、销售额、产品定价等数据进行比较，企业可以了解自身在行业中的地位，找到优势和劣势，制定相应的竞争策略。

宏观经济分析。大数据技术可以收集和分析宏观经济数据，如国内生产总值（GDP）、通货膨胀率、利率等。通过对这些数据的分析，企业可以了解宏观经济的整体状况，预测未来的经济走势，为企业经营决策提供参考依据。

二、大数据给财务风险管理带来的挑战

（一）数据隐私与安全

随着大数据技术的广泛应用，企业面临着越来越多的数据隐私和安全挑战。大数据涉及海量的敏感信息和个人数据，如客户账户信息、交易记录、财务数据等。这些数据的泄露可能会对企业和客户造成严重的损失，同时会引发合规问题。

1.数据保护

数据保护是大数据应用中最为关键的挑战之一。企业需要确保在数据的采集、传输、存储和处理过程中，数据得到充分的保护，以防止数据泄露、篡改或被未授权的人员访问。

数据加密。采用数据加密技术是保护数据隐私的重要手段。企业可以使用对称加密或非对称加密算法对敏感数据进行加密，确保即使数据被盗取，也无法轻易被解密。

安全传输。在数据传输过程中，采用安全的传输协议（如HTTPS）可以防止数据被中间人攻击或窃听。对大规模数据传输，使用虚拟专用网络（VPN）或专用线路是一种更安全的选择。

存储安全。数据存储的安全性至关重要。企业应该选择安全可靠的数据存储设备和技术，确保数据不会遭到硬件故障或数据丢失的影响。

数据备份与恢复。建立有效的数据备份和恢复机制，可以保障数据的完整性和可用性。在数据意外丢失或被损坏时，能够及时恢复数据是必要的。

2.合规要求

随着数据隐私保护的重要性日益凸显，许多国家和地区都制定了相关的数据保护法规和合规要求。企业需要遵守这些法规，以确保数据处理过程的合法性和合规性。

（1）跨国法规。不同国家和地区的数据隐私法规存在差异，有些法规要求数据必须在本地存储，有些则允许跨境传输。企业需要了解和遵守涉及其业务范围的各个国家或地区的法规要求。

（2）GDPR合规。欧盟的《通用数据保护条例》（GDPR）对涉及欧盟居民个人数据的企业有严格的合规要求。企业需要确保其数据处理过程符合GDPR的规定，包括获得用户的明确同意、及时报告数据泄露等情况。

（3）行业监管。一些特定行业（如金融、医疗）对数据隐私和安全有更严格的监管要求。企业需要确保其数据处理过程符合相关行业的监管标准。

（4）用户权利保护。在大数据应用中，企业需要尊重用户的数据权利，包括明示告

知数据使用目的、提供用户选择是否分享个人数据等。

3. 内部访问控制

大数据涉及多个部门和角色，不同的员工需要访问不同的数据。建立严格的内部访问控制机制，确保只有授权的人员才能访问特定的数据，是数据安全的关键。

4. 内部威胁

除了外部的数据安全威胁，企业还面临来自内部员工的潜在威胁。内部威胁指的是那些有意或无意地泄露、篡改或滥用数据的员工。

数据权限控制。企业需要对员工的数据访问权限进行精确控制，确保只有必要的员工可以访问敏感数据。同时，定期检查和调整员工的权限，避免权限滥用的风险。

行为分析。建立行为分析系统，监控员工的数据访问和操作行为，及时发现异常或可疑的行为，应采取相应的措施进行调查和阻止。

员工监督与培训。企业应该对员工进行定期的监督和培训，加强对数据隐私保护的意识教育，让员工了解泄露和滥用数据的后果和法律责任。

5. 第三方风险

在大数据处理过程中，企业可能会将数据分享给第三方供应商或合作伙伴。这涉及数据共享协议和风险评估，确保第三方具备合适的数据保护措施。

数据共享协议。在与第三方进行数据共享时，企业应该签订明确的数据共享协议，规定数据的使用目的、范围、保密义务等。协议应明确约定数据的安全措施，避免数据被滥用或外泄。

第三方审核。企业在选择合作伙伴或服务供应商时，需要进行严格的风险评估和审核。确认第三方是否具备足够的数据安全能力和合规性，避免因为合作伙伴的失误导致数据泄露。

数据共享监控。对于与第三方共享的数据，企业应该建立监控系统，定期审查第三方的数据使用情况，确保其仅按照约定目的使用数据。

风险预警机制。建立风险预警机制，一旦发现第三方可能存在数据安全风险，就要及时采取措施，避免数据泄露的风险。

数据隐私与安全是最为重要的挑战之一，企业需要确保数据在采集、传输、存储和处理过程中得到充分保护。此外，技术挑战与成本、数据质量与准确性、复杂性与应用难度等问题也需要企业积极应对。通过合理的数据隐私保护措施、完善的内部访问控制、合规要求的遵守，以及与第三方的风险评估与监控，企业可以更好地应对大数据应用中的挑战，实现更安全、高效的财务风险管理。

（二）技术挑战与成本

大数据技术的应用需要相应的技术支持和投资，包括数据采集、存储、处理和分析等方面。同时，大数据技术的不断发展意味着企业需要不断跟进技术更新和升级，从而会增加实施的复杂性和成本。

1. 数据采集与整合

在财务风险管理中，企业需要从多个内部和外部数据源收集数据，包括财务系统、销售系统、供应链系统、市场数据、行业数据等。这些数据来源可能具有不同的数据格式、存储方式和数据结构，导致数据采集的复杂性。例如，财务系统可能使用传统的关系型数据库存储数据，而市场数据可能来自在线数据源或社交媒体平台，数据格式和接口各不相同。企业需要应对这些差异，确保数据能够准确、及时地被收集和整合。

2. 数据存储与处理

海量的财务数据需要通过高效的存储和处理系统来支持大数据分析和查询。传统的存储和处理方法往往难以胜任大数据量的处理任务。因此，企业需要考虑使用分布式存储和计算技术，如 Hadoop 和 Spark 等。这些技术能够将数据分布式存储在多个节点上，并利用并行计算处理数据，从而实现高效的数据处理和分析。

3. 数据分析与挖掘

财务风险管理需要对大量的财务数据进行复杂的数据分析和挖掘，以发现潜在的风险因素和模式。这可能涉及机器学习算法、数据挖掘技术、时间序列分析等。例如，在信用风险评估中，企业可以利用机器学习算法对客户的历史交易数据进行分析，预测客户未来的信用违约可能性。为了应对这些挑战，企业需要拥有相应的数据科学家和分析师团队，以及强大的计算资源和分析工具。

4. 技术更新与升级

大数据技术不断发展和演进，新的技术和工具不断涌现。为了保持在竞争中的优势，企业需要不断跟进技术的更新和升级。这可能涉及对硬件设备的升级、新技术的引入和培训员工掌握新技术等方面的投资。同时，技术更新和升级可能带来对原有系统的改造和调整，从而会增加实施的复杂性和成本。

大数据在财务风险管理中的应用面临着数据采集与整合的复杂性、数据存储与处理的挑战、数据分析与挖掘的技术要求，以及技术更新与升级的成本。企业需要制定全面的技术规划和投资策略，以应对这些挑战，并有效应用大数据技术在财务风险管理中。同时，建立强大的数据科学团队，与行业领先的技术合作伙伴合作，也是应对这些挑战的有效途径。

第二节 智能财务风险管理模型与方法

智能财务风险管理模型是基于大数据技术和算法构建的，旨在更全面、准确地评估和管理企业面临的财务风险。

一、风险评估与评分模型

风险评估模型是通过收集和整合多维度数据来评估企业面临的风险。这些模型可以基于历史数据和潜在风险指标，对风险进行打分和分类，帮助企业识别和优先处理高风险事件。

（一）风险评估模型的基本原理

风险评估模型是智能财务风险管理的重要组成部分，其基本原理是通过收集和整合多维度数据，对企业面临的风险进行评估和分类。这些模型可以利用历史数据、统计分析和机器学习算法等方法，对潜在风险进行预测和打分，帮助企业识别可能出现的风险事件并优先处理高风险事件。

（二）数据收集与整合

风险评估模型依赖大量的数据来进行风险分析和预测。这些数据既可以来自企业内部的财务系统、销售系统、供应链系统等，也可以来自外部的市场数据、行业数据、宏观经济数据等。数据的收集和整合是风险评估模型的首要任务，确保数据的准确性和完整性对模型的准确性至关重要。

（三）风险指标的选择与构建

在风险评估模型中，需要选择合适的风险指标来衡量企业面临的风险。这些指标既可以是财务指标，如流动比率、资产负债率等，也可以是经营指标，如销售增长率、库存周转率等，还可以是市场指标，如股价波动、市场份额等。根据企业的具体情况和风险特点，选择和构建合适的风险指标对模型的准确性和有效性至关重要。

（四）历史数据分析与模型训练

风险评估模型可以利用历史数据进行训练和优化，以发现潜在的风险模式和规律。通过统计分析和机器学习算法，模型可以从历史数据中学习并建立预测模型，用于对未来风险的评估和预测。历史数据的充分利用和模型的准确训练对风险评估模型的性能至关重要。

（五）风险打分与分类

在风险评估模型中，通过对潜在风险指标的分析和计算，可以对风险级别进行打分和分类。通常采用打分制度，将不同风险事件进行评分，得出综合风险评分。这些风险评分可以帮助企业识别高风险事件和低风险事件，并根据评分结果采取相应的风险管理措施。

通过数据的收集和整合、风险指标的选择与构建、历史数据分析与模型训练、风险级别打分与分类，企业可以更加准确地评估和预测面临的风险，并及时采取相应的风险管理措施，从而提升财务风险管理的效率和准确性。

二、预测与预警模型

预测与预警模型基于时间序列分析、机器学习等方法，对未来的财务风险进行预测。这些模型可以帮助企业提前预知潜在的风险，从而采取相应的风险管理措施，降低不确定性带来的影响。

（一）预测与预警模型的基本原理

预测与预警模型是智能财务风险管理的重要组成部分，其基本原理是利用时间序列分析、机器学习等方法，对未来的财务风险进行预测和预警。这些模型通过对历史数据的学习和分析，建立预测模型，并利用该模型对未来可能发生的风险事件进行预测，从而帮助企业提前预知潜在的风险，并采取相应的风险管理措施。

（二）历史数据分析与模型训练

预测与预警模型依赖历史数据进行训练和优化。通过对历史财务数据的分析，模型可以发现潜在的风险模式和规律，并建立预测模型。历史数据的充分利用和模型的准确训练对预测与预警模型的性能至关重要。

（三）时间序列分析方法

时间序列分析是预测与预警模型中常用的方法之一。该方法用于对时间序列数据进行建模和预测。通过对时间序列数据的趋势、周期性和季节性进行分析，模型可以对未来的财务趋势进行预测，帮助企业发现可能出现的风险。

（四）实时数据更新与预警

预测与预警模型可以实时监测企业的财务数据和经营数据，并对未来的风险进行预警。一旦模型发现潜在的高风险事件，就可以及时发出预警信号，帮助企业及时采取应对措施，降低风险带来的影响。

通过历史数据分析与模型训练、时间序列分析方法、机器学习方法、实时数据更新与预警，这些模型可以帮助企业提前预知潜在的财务风险，采取相应的风险管理措施，降低不确定性带来的影响，从而保障企业的财务安全和稳健发展。

三、机器学习算法在风险管理中的应用

机器学习算法在风险管理中具有广泛的应用，如决策树、支持向量机、随机森林算法等。这些算法可以处理复杂的数据关系和模式，发现隐藏的规律和趋势，从而更准确地识别和预测风险。

（一）机器学习算法在风险管理中的重要性

1.机器学习在风险管理中的应用价值

随着大数据时代的到来，企业面临的风险日益复杂多变，传统的风险管理方法已经不能满足需求。机器学习算法的应用为风险管理带来了新的机遇和挑战。机器学习算法能够通过对大规模数据的学习和分析，自动发现数据中的模式和规律，从而实现更准确的风险识别和预测。这种自动化和智能化的特点，使得机器学习成为风险管理中不可或缺的工具。

2.机器学习在风险管理中的优势

相比传统的统计方法和规则，机器学习算法具有以下优势：

高度自动化。机器学习算法能够自动从数据中学习和提取特征，无须人工干预，大大减少了手动处理数据的工作量。

处理复杂数据。大数据时代带来了海量的复杂数据，机器学习算法能够处理多维度、高维度的数据，发现其中隐藏的关系和趋势。

实时性和准确性。一些机器学习算法可以实时处理数据并进行实时预测，使得风险管理更加及时和准确。

（二）常用的机器学习算法在风险管理中的应用

1.决策树算法

决策树算法是一种常见且易于理解的机器学习算法，它可以用于分类和回归问题。在风险管理中，决策树算法可以用于判断客户信用风险、产品市场风险等。决策树算法通过构建树状结构，根据不同特征属性对数据进行分割，从而判断数据所属的类别或者预测数值。决策树算法的输出结果可以用于评估风险等级，帮助企业制定相应的风险控制策略。

2.支持向量机算法

支持向量机（Support Vector Machine，SVM）是一种二分类模型，它在风险管理中常用于进行风险分类和预测。SVM算法通过找到一个最优的超平面，将数据点分割成不同的类别，使得不同类别的数据点之间的间隔最大化。在风险管理中，SVM算法可以用于判断客户违约风险、市场波动风险等。SVM算法具有较好的泛化能力和适应性，可以有效处理高维度和非线性数据。

3.随机森林算法

随机森林算法是一种集成学习算法，它将多个决策树组合起来进行集体决策。在风险管理中，随机森林算法可以用于风险评估和预测。随机森林算法通过对数据进行随机抽样和特征选择，构建多个不同的决策树，最后将它们的结果进行集成。由于随机森林算法考虑了多个决策树的综合意见，因此具有较好的准确性和稳定性。

（三）机器学习算法的应用案例

1.客户信用评估

在金融领域，客户信用评估是一项至关重要的任务，涉及贷款、信用卡、保险等业务。机器学习算法在客户信用评估中发挥着重要作用，可以从大量客户数据中挖掘潜在的信用风险，并预测客户的违约概率。

通过应用机器学习算法，可以构建信用评估模型，将客户的个人信息、历史交易记录、社交媒体活动等数据作为特征，建立预测模型来判断客户的信用状况。常用的算法包括决策树、支持向量机、逻辑回归等。这些算法能够自动学习和识别与客户信用相关的特征，从而提高信用评估的准确性。

2.市场波动预测

在投资和资产管理领域，市场波动往往体现着不可忽视的风险。利用机器学习算法，可以对市场进行实时监测和分析，从而预测市场的波动情况。

通过对历史市场数据进行训练，机器学习算法可以发现市场波动的规律和趋势。这些模型可以预测股票、外汇、商品等资产的价格变化，并提供相应的风险评估和投资建议。企业可以利用这些预测结果来制定更明智的投资策略，降低投资风险。

3. 欺诈检测

在电子商务和支付领域，欺诈行为是一项常见的风险。通过机器学习算法，可以构建欺诈检测模型，从大量的交易数据中识别可疑的交易行为。

欺诈检测模型可以通过对交易进行实时监测和分析来识别异常的交易模式。例如，当某个账户在短时间内发生大量高额交易时，模型可以标记该交易为可疑交易。通过这种方式，企业可以及时发现并阻止潜在的欺诈行为，保护用户的资金安全。

4. 供应链风险管理

在供应链管理中，风险是不可避免的。通过机器学习算法，可以对供应链数据进行分析，识别潜在的风险因素，并预测可能出现的供应链问题。

供应链风险管理模型可以结合供应商的历史表现、市场变化、物流数据等信息，评估供应链的稳定性和可靠性。这些模型可以帮助企业预测供应链中的薄弱环节，并采取相应的措施来降低供应链风险。

通过利用机器学习算法，企业可以更好地识别和预测风险，提高决策的准确性和效率。然而，应用机器学习算法也面临着数据隐私与安全、技术挑战与成本等问题，需要企业采取相应的措施来解决。随着技术的不断发展和成熟，机器学习算法将在智能财务风险管理中发挥越来越重要的作用。

第三节　大数据对财务合规的支持与优化

财务合规是企业必须遵循的法规和准则，以确保财务数据的准确性、完整性和透明度。大数据技术在财务合规中发挥着越来越重要的作用，它可以帮助企业更好地管理和监控合规风险，同时可以优化合规的流程和效率。

一、财务合规的内涵

财务合规是指企业或组织在进行财务活动时，遵守相关法律法规、规范和标准，以及符合内部制定的规章制度，确保财务活动的合法性、透明度和准确性的一种管理要求。

（一）法律法规合规

财务合规的第一要素是遵守国家或地区的财务法律法规。不同国家或地区都有各自的财务法规，企业必须严格遵守这些规定，以确保财务活动的合法性和合规性。例如，企业必须按时申报税款，合规遵守金融监管要求，确保财务信息的准确披露等。

（二）会计准则合规

会计准则是规范财务报告和会计处理的指导性规定，不同国家或地区有不同的会计准则，如国际财务报告准则（IFRS）和美国通用会计准则（GAAP）。企业必须按照适用的会计准则编制财务报表，确保报表的准确性和可比性。会计准则合规能够提高财务报表的透明度，为投资者和利益相关者提供准确的财务信息。

（三）内部控制合规

财务合规还包括建立健全的内部控制制度。内部控制是指企业为实现经营目标，防范内部风险和错误，确保财务信息的准确性和可靠性而采取的组织措施。建立良好的内部控制可以有效防止财务舞弊、错误记录以及资源滥用等问题，保障企业的财务活动合法、规范和高效。

（四）信息披露合规

财务合规要求企业按照规定对内外部披露相关财务信息，确保信息的准确、及时、全面。信息披露是企业向投资者、监管机构、客户等外部利益相关方提供财务信息的重要手段，有助于提高透明度，增加投资者信心。

（五）资金使用合规

财务合规要求企业合法合规地使用资金，确保资金流向的合法性和透明度。企业在使用资金时必须符合相关法规，确保资金用途合理、合法，并定期对资金的使用情况进行审计和披露。

财务合规是企业进行财务活动时必须遵守的一系列法律法规、会计准则、内部控制制度和信息披露要求。财务合规的内涵包括法律法规合规、会计准则合规、内部控制合规、信息披露合规和资金使用合规等方面。遵守财务合规要求对企业来说至关重要，它不仅是对法律法规的尊重，更是提升企业信誉度、增强投资者信心、降低经营风险的重要保障。因此，企业应建立完善的财务合规管理体系，加强内部控制，确保财务活动的合法性和合规性。同时，企业应不断关注相关法规和会计准则的更新，保持财务合规与时俱进，为企业可持续发展提供坚实的基础。

二、大数据对财务合规的支持

大数据在财务合规方面提供了多种支持手段，这些手段可以帮助企业有效遵守法律法规、规范内部业务流程，并确保财务活动的合法性、透明性和准确性。

（一）数据监控与分析

大数据技术可以帮助企业对财务数据进行实时监控和分析，及时发现异常交易、潜在的财务风险等情况。通过对海量数据的处理和挖掘，大数据可以识别出不符合规定的财务交易，如异常交易、虚假账目等，从而帮助企业加强对财务数据的监管，降低违规风险。

数据监控与实时监测。大数据技术允许企业对财务数据进行实时监控和实时分析。通过建立数据监控系统，企业可以对财务数据进行连续监测，及时发现异常交易或异常情况。

例如，企业可以设置阈值，当某项财务指标超出预设范围时，系统会自动发出警报，让相关部门迅速采取措施。这样可以避免违规行为的发生或及时止损。

异常检测与预警。大数据技术可以利用机器学习算法对财务数据进行异常检测。通过对历史数据的分析，系统能够识别出潜在的异常交易模式或异常行为。一旦发现类似的异常模式再次出现，系统就会自动发出预警，提醒相关部门进行核查和处理。例如，在进行资金结算时，系统可以检测到异常的交易行为，如大额转账、频繁的跨境交易等，从而预警可能存在的洗钱风险。

风险评估与预测。大数据技术可以结合历史数据和外部数据源，构建风险评估模型和预测模型。通过对各种风险指标的综合分析，系统可以对企业未来可能面临的财务风险进行预测。例如，系统可以根据市场变化和行业动态，预测企业可能面临的市场风险或信用风险，从而帮助企业制定相应的风险管理策略。

数据挖掘与模式识别。大数据技术可以通过数据挖掘技术，从海量财务数据中挖掘出隐藏的模式和规律。通过对大数据的分析，系统可以发现潜在的财务违规行为或漏洞。例如，通过对供应商的交易数据进行分析，系统可以识别出潜在的虚假交易模式，帮助企业防范欺诈行为。

合规报告与可视化分析。大数据技术可以帮助企业生成合规报告和可视化分析图表。系统可以自动生成符合法规要求的财务报告，并以直观的图表形式展示财务数据的关联关系和趋势。这样可以提供给企业管理者和监管机构全面、准确的财务信息，增加透明度，同时方便监管部门对企业的财务合规情况进行监督和审查。

大数据技术在财务合规方面的应用，为企业提供了更全面、及时、准确的财务数据分析和监控手段，帮助企业降低违规风险，增强对财务合规的把控。同时，大数据的应用为监管部门提供了更有效的监管工具，确保企业财务活动的合法性和透明度。

（二）自动化报告与披露

大数据技术可以自动化生成财务报告和披露文件，确保信息的准确、全面和及时。通过与财务系统的集成，大数据可以自动从各个业务系统中提取数据，并生成符合法规要求的财务报表和披露文件。这样可以减少人工报告的错误，提高报告的准确性和时效性。

数据集成与提取。大数据技术可以与企业的财务系统进行集成，从各个业务系统中自动提取财务数据。这包括销售数据、采购数据、库存数据、资产负债表等。通过数据集成与提取，大数据可以获取全面的财务数据，减少数据收集的时间和成本。

报表自动生成。基于大数据技术，企业可以建立财务报表的自动生成模型。根据预设的财务报表格式和要求，大数据可以自动填充数据、计算财务指标，并生成标准化的财务报表，如资产负债表、利润表、现金流量表等。这样可以减少人工编制报表的工作量，降低错误率，并确保报表的一致性和准确性。

合规性检查。大数据技术可以在报表生成过程中进行合规性检查。通过与相关法规和会计准则的对比，大数据可以自动识别潜在的合规问题和错误。例如，检查会计政策是否符合会计准则的规定，是否存在财务数据的不一致性等。这样可以及时纠正错误，保证报表的合规性。

披露文件生成。大数据技术可以自动生成财务披露文件，如年度报告、季度报告、内部控制报告等。通过自动化的披露文件生成，企业可以及时向投资者、监管机构和其他利益相关方披露财务信息，提高披露的及时性和准确性。

报告调整和分析。大数据技术可以支持报告的动态调整和分析。如果企业的财务情况发生变化，大数据可以自动调整报表的内容，并对报表数据进行实时分析。这样可以帮助企业及时了解财务状况，做出更准确的经营决策。

大数据技术在自动化报告与披露方面的应用，能够极大地提高财务报告和披露的效率和准确性，减少人工操作的风险和工作量，确保企业财务合规的达标和监管要求的满足。通过自动化报告与披露，企业可以更好地管理财务风险，增强投资者信心，提高企业竞争力。

（三）内部控制与审计

大数据技术可以加强企业的内部控制与审计，确保财务活动的合规性。通过对财务数据的跟踪和分析，大数据可以发现潜在的内部控制问题和漏洞，帮助企业及时进行整改。

内部控制的监控与改进。大数据技术可以对企业的内部控制进行实时监控和分析。通过对财务数据的跟踪和分析，大数据可以识别潜在的内部控制问题和漏洞，如虚假交易、滥用权限等。这样可以帮助企业及时发现问题并进行整改，提高内部控制的有效性和合规性。

异常交易的检测。大数据技术可以识别异常交易和异常模式。通过建立模型和算法，大数据可以对大量的交易数据进行分析，发现异常交易，如未经授权的交易、高风险交易等。这样可以帮助企业及时发现潜在的违规行为，加强对财务活动的监管。

审计的自动化与提效。大数据技术可以实现审计的自动化与提效。传统审计需要大量的人力和时间进行数据采集和分析，而大数据技术可以自动从各个业务系统中提取数据，并进行快速、准确的分析。这样可以加快审计的进度，减少人工错误和漏洞，并提高审计的效率和准确性。

数据可视化与报告。大数据技术可以将复杂的财务数据转化为直观的数据可视化图表和报告。通过数据可视化，审计师可以清晰地了解财务数据的关联关系和异常情况，从而及时地发现问题和提出改进意见。

人工智能辅助审计。大数据技术结合人工智能可以辅助审计工作。例如，通过自然语言处理技术，大数据可以快速解析和理解大量的合同和文件，帮助审计师更高效地进行合规性审查和风险评估。

大数据技术在内部控制与审计方面的应用，能够加强企业对财务活动的监控与管理，发现潜在的风险和问题，提高内部控制的有效性和合规性。通过大数据技术的支持，企业可以及时地实现财务合规，降低违规风险，增强财务报告的可靠性和透明度，提升企业形象和投资者信心。

（四）合规监管与报告

大数据技术可以帮助企业满足合规监管和报告的要求。通过数据的整合和分析，大数据可以生成符合监管机构要求的报告和数据，简化合规报告的过程，减少企业的成本。

数据整合与清洗。在满足合规监管和报告要求之前，企业需要收集来自不同业务系统、部门以及外部数据源的信息。大数据技术能够帮助企业整合这些海量、异构的数据，通过数据清洗和预处理，去除冗余、错误和不完整的数据，确保数据的质量和准确性。

合规规则与标准应用。大数据技术可以应用合规规则和标准，通过数据分析和挖掘，自动检测企业的财务活动是否符合相关法规和内部合规标准。例如，大数据可以识别异常交易模式、超出预期的财务指标、潜在的合规风险等。这种自动化的检测过程有助于企业及时发现潜在的合规问题，并采取相应的措施加以解决。

实时监控与预警。大数据技术能够实现对财务数据的实时监控和分析，帮助企业及时识别和应对可能的合规风险。通过建立实时监控系统，大数据可以持续地对财务数据进行监控，一旦发现异常情况，就立即发出预警信号，使企业能够迅速做出反应。

自动化合规报告。大数据技术可以自动化生成符合监管机构要求的合规报告和数据。通过与财务系统的集成，大数据可以从各个业务系统中提取数据，并自动生成合规报告。这样可以减少人工报告的错误和滞后，提高合规报告的准确性和时效性。

合规成本的降低。通过大数据技术的应用，企业可以实现合规过程的自动化和效率提升。大数据技术可以处理海量的数据，并快速发现问题和潜在的合规风险，从而减少合规报告的周期和人力成本。此外，自动化的合规报告可以减少人为错误的可能性，提高合规报告的准确性。

数据可视化与分析。大数据技术可以将复杂的合规数据转化为直观的数据可视化图表和报告。通过数据可视化，企业管理层和监管机构可以更直观地了解合规情况，及时发现问题和优化合规流程。

大数据为财务合规提供了全方位的支持手段，帮助企业更好地遵守法律法规、规范内部财务业务流程，并提升财务数据的透明度和准确性。大数据技术的应用使得财务合规更加高效和精准，为企业的稳健发展提供有力保障。

三、大数据对财务合规的优化

（一）自动化合规流程

大数据技术的应用可以实现财务合规流程的自动化，从数据收集、清洗、分析到报告生成，整个合规过程可以在较大程度上实现自动化。通过自动化合规流程，可以大大减少人工操作的时间和错误率，提高合规处理的效率和准确性。

数据收集与整合自动化。大数据技术可以帮助企业自动收集来自不同业务系统、部门和数据源的财务数据。通过建立数据接口和集成平台，实现数据的自动获取和整合，从而可以消除手工收集数据的繁琐过程和潜在的错误。

数据清洗与预处理。大数据技术可以自动进行数据清洗和预处理，确保数据的准确性和一致性。通过数据清洗，可以识别并处理缺失值、异常值、重复值等问题，从而可以提高数据的质量和可信度。

数据分析与风险识别。大数据技术可以应用机器学习算法和数据挖掘技术，对财务数据进行实时分析和风险识别。通过建立预警模型和风险评估模型，自动检测潜在的违规交易、异常模式和风险趋势，提前预警和发现问题。

合规规则引擎。通过构建合规规则引擎，大数据可以自动执行合规规定和标准。合规规则引擎是一套预定义的规则和条件，当财务数据符合或违反这些规则时，系统会自动触发相应的合规处理措施，如自动发出警报或生成报告。

报告生成与自动化审批。大数据技术可以自动根据合规规则生成符合要求的财务报告和披露文件。同时，对于一些常规性的审批流程，如报销审批等，大数据也可以实现自动化审批，减少人工干预和加快审批速度。

数据可视化与监控。通过数据可视化技术，大数据可以将合规数据转化为直观的图表和仪表盘，帮助企业管理者实时监控合规情况。这样的实时监控可以帮助企业及时发现合规问题和风险，及时做出决策和调整。

大数据技术在实现自动化合规流程方面提供了多种支持手段，从数据收集到报告生成，再到数据分析和风险识别，都可以通过大数据技术实现自动化处理。这样的自动化合规流程不仅提高了合规处理的效率和准确性，还帮助企业更好地应对合规挑战，确保财务活动的合法性和透明度。

（二）风险预警与管理

大数据技术可以通过实时监控和分析财务数据，及时发现潜在的合规风险，并进行预警。通过风险预警，企业可以更加及时地采取措施应对潜在的风险，降低违规的可能性。

实时监控与数据分析。大数据技术可以实时监控财务数据的变化和交易流程，对数据进行实时分析。通过数据挖掘和机器学习算法，大数据可以发出异常交易、潜在的违规行为等风险信号。

预警机制建立。基于大数据分析的结果，企业可以建立预警机制，设定合规风险的阈值和触发条件。一旦财务数据超出预警阈值，系统就会自动发出预警通知，提醒相关人员及时处理风险。

风险评估与优先处理。大数据可以对风险进行评估和分类，帮助企业确定哪些风险是高风险、紧急处理的，哪些是低风险、可以后续跟踪的。这样可以帮助企业合理分配资源，优先处理高风险事件，降低违规的风险。

自动化决策支持。大数据技术可以与企业的决策支持系统集成，为管理者提供数据驱动的决策支持。通过大数据的分析结果和预警信息，管理者可以及时做出决策，采取相应的风险管理措施。

可视化监控。通过数据可视化技术，大数据可以将风险预警信息转化为直观的图表和仪表盘，帮助管理者实时监控合规风险的状态和趋势。这样的可视化监控可以帮助管理者更好地了解合规风险，做出更准确的决策。

通过实时监控和分析财务数据，大数据可以帮助企业及时发现潜在的合规风险，并通过预警机制和自动化决策支持，帮助企业及时采取措施应对风险，降低违规的可能性。这样的风险预警与管理机制，有效提升了企业对合规风险的管理和控制能力，保障了企业的财务活动的合法性和稳健性。

（三）数据智能推荐

大数据技术可以对财务数据进行智能推荐分析，根据历史数据和趋势，为企业提供合规决策建议。这样可以帮助企业更好地优化合规流程和决策，提高合规管理水平。

历史数据学习。大数据技术可以对企业的历史财务数据进行学习和分析，发现历史决策中的成功案例和失败案例。通过学习历史数据，大数据可以识别出哪些决策是合规的、成功的，哪些决策是不合规的、可能存在风险的。

趋势预测。大数据可以通过时间序列分析等方法对财务数据的趋势进行预测。通过对未来趋势的预测，大数据可以帮助企业提前发现潜在的合规风险和机遇，并提供相应的决策建议。

智能推荐。基于对历史数据的学习和走势预测，大数据可以为企业提供智能化的合规决策建议。这些建议可以涵盖合规流程的优化、决策的优化、风险的防范等方面，帮助企业更好地进行合规管理。

个性化建议。大数据可以根据企业的特定情况和需求，为不同的企业提供个性化的合规建议。这样的个性化建议可以更贴合企业的实际情况，帮助企业更好地制定合规策略和决策。

实时决策支持。大数据可以与企业的决策支持系统集成，为管理者提供实时的合规决策支持。通过智能推荐的方式，大数据可以为管理者提供数据驱动的决策建议，帮助他们更准确地做出合规决策。

通过学习历史数据和预测未来趋势，大数据可以为企业提供智能化的合规决策建议，帮助企业优化合规流程和决策，提高合规管理水平。这样的智能推荐机制，有效提升了企业对合规风险的识别和管理能力，有助于企业更好地应对合规挑战和确保财务活动的合法性和稳健性。

（四）合规数据的可视化展示

大数据技术可以将复杂的合规数据转化为直观的图表和报告，帮助企业管理者和监管机构更好地理解合规情况。通过数据可视化展示，可以更加直观地发现合规问题和潜在的风险，从而加强合规管理和监督。

提高可理解性。合规数据通常涉及大量的指标和指标，以及复杂的关联关系。通过数据可视化，可以将这些数据转化为直观的图表和报告，帮助管理者更好地理解合规情况，发现问题和趋势。

快速发现异常。合规数据可视化可以帮助管理者快速发现异常和异常模式。通过直观的图表，管理者可以更容易地发现不符合规定的情况，如异常交易、虚假账目等，从而及时采取措施应对风险。

实时监控。大数据技术可以实现合规数据的实时监控和更新。通过实时的数据可视化展示，管理者可以随时了解合规情况，及时做出决策和调整。

智能分析。合规数据可视化不仅可以展示原始数据，还可以通过数据挖掘和机器学习算法进行智能分析。通过智能分析，管理者可以获得更深入的决策支持。

提高决策效率。数据可视化展示可以帮助企业管理者更快地获取关键信息，从而更快地做出决策。这样可以提高决策效率，降低合规管理的成本。

合规数据的可视化展示是大数据技术在财务合规中的重要应用。通过直观的图表和报告，可以帮助管理者更好地理解合规情况，快速发现异常和风险，实时监控合规情况，并通过智能分析提供决策支持。这样有效地提高了合规管理的效率和准确性，有助于企业更好地应对合规挑战和确保财务活动的合法性和稳健性。

（五）跨部门协同与共享

大数据技术可以实现不同部门间的数据共享和协同合作，提高合规信息的传递效率和准确性。不同部门可以共享同一份数据，避免重复收集和处理数据，减少数据不一致性的问题，从而优化合规管理的流程。

跨部门数据共享。在传统的合规管理中，不同部门往往独立收集、处理和报告相关数据，容易导致数据冗余、不一致等问题。大数据技术可以将不同部门的数据整合到一个统一的平台中，实现跨部门数据共享。这样，各部门之间可以共享同一份数据，避免了重复收集和处理数据的工作，提高了数据的准确性和一致性。例如，在涉及多个部门的合规报告中，通过大数据平台的数据共享，各部门可以实时获取最新的数据，并在同一个平台上进行协同合作，确保报告的一致性和准确性。

跨部门数据协同处理。大数据技术可以实现跨部门数据的协同处理。不同部门可以在一个统一的平台上对数据进行处理、分析和挖掘，共同发现数据中的规律和趋势。例如，在财务合规过程中，不同部门可以共同参与数据的风险评估和预警，通过协同处理数据，可以更全面地识别潜在的合规风险，并及时采取措施进行管理。

提高决策效率。通过跨部门数据共享和协同处理，可以大大提高决策效率。不同部门可以在一个统一的平台上实时获取数据和见解，从而更快地做出决策。这样可以减少信息传递和沟通的时间成本，加快决策的反应速度，提高合规管理的效率。

优化合规流程。跨部门数据协同和共享可以优化合规管理的流程。传统的合规流程往往涉及多个部门的串行处理，而大数据技术可以实现并行处理，减少了流程的耗时和延误。例如，在合规报告的编制过程中，不同部门可以同时参与数据的收集和整理，通过数据的实时共享和协同处理，可以快速完成报告的编制工作，提高了合规管理的效率。

加强监管与监督。跨部门数据共享和协同可以加强监管机构对企业的监督和监管。通过大数据技术，监管机构可以实时获取企业的合规数据，并对数据进行监督和审查。这样可以增加监管的透明度和准确性，帮助监管机构更好地了解企业的合规情况，及时发现问题和风险，并采取必要的监管措施。

跨部门协同与共享是大数据技术在财务合规中的重要应用。通过数据的共享和协同处理，可以提高合规信息的传递效率和准确性，优化合规管理的流程，加强监管与监督，从而提升合规管理的水平和效果。这样有助于企业更好地应对挑战，确保财务活动的合法性和稳健性。

（六）实时数据更新与追踪

大数据技术可以实现财务数据的实时更新和追踪，及时反映企业的财务状况和合规情况。通过实时数据更新和追踪，企业管理者可以更加敏锐地察觉合规问题和风险，及时做出调整和应对措施。

实时数据更新。大数据技术可以实现财务数据的实时更新，及时反映企业的财务状况。传统的财务报表往往是按照固定的时间周期进行更新，如月度或季度报表，而在某些情况下，这些周期性报表可能无法及时反映企业的最新财务状况。大数据技术可以实现实时数据更新，财务数据可以随时更新到数据库中，从而使管理者可以及时获取最新的财务信息。

实时风险追踪。实时数据追踪可以帮助企业及时察觉合规风险。通过对财务数据的实时监控和分析，大数据可以识别潜在的合规问题和风险。例如，在交易数据中发现异常交易模式，或者在财务报表中发现异常数据，这些都可能是潜在的合规风险。通过实时追踪这些数据，可以及时发现并预警风险，从而帮助企业采取必要的措施进行管理和调整。

及时应对措施。通过实时数据更新和追踪，企业可以更及时地采取应对措施。一旦发现合规问题或风险，企业就可以立即采取必要的措施进行处理，避免问题影响进一步扩大。例如，如果发现某个部门的财务数据异常，就可以立即通知相关人员进行核查和整改，以确保财务数据的准确性和合规性。

提高决策效率。实时数据更新和追踪可以提高决策效率。企业管理者可以随时获取最新的财务信息和合规情况，从而更快地做出决策。例如，在关键决策时刻，管理者可以通过实时数据追踪，了解当前的财务状况和合规情况，从而更准确地做出决策，降低决策的风险。

实时数据更新与追踪是大数据技术在财务合规中的重要应用。通过实时更新和追踪财务数据，可以及时反映企业的财务状况和合规情况，帮助企业管理者更加敏锐地察觉合规问题和风险，并及时做出调整和应对措施，从而提高合规管理的效率和准确性。这样有助于企业更好地应对合规挑战，确保财务活动的合法性和稳健性。

大数据技术对财务合规的优化主要体现在自动化合规流程、风险预警与管理、数据智能推荐、合规数据的可视化展示、跨部门协同与共享，以及实时数据更新与追踪等方面。通过这些优化措施，企业可以更好地满足合规监管的要求，提高合规管理水平，降低合规风险，并为企业的可持续发展提供有力支持。

第九章　智能财务系统与技术平台

第一节　智能财务系统的构建与设计

智能财务系统是基于大数据和智能技术构建的一套综合性财务管理系统，旨在提高财务管理效率和决策的准确性。

一、确定系统目标

首先需要明确智能财务系统的设计目标，包括提高财务数据处理效率、加强风险管理、实现数据智能分析等。这些目标将指导系统设计和功能开发。

（一）提高财务数据处理效率

智能财务系统的目标之一是提高财务数据处理效率，实现数据的快速采集、处理和整合，从而减少人工操作和时间成本。以下是实现该目标的一些关键方法：

自动数据采集。智能财务系统可以与企业内部的各个业务系统进行集成，自动从不同系统中提取财务数据。例如，从财务软件、ERP 系统、销售系统等自动收集数据。

数据清洗与归一化。通过数据清洗和归一化处理，智能财务系统可以将不同格式的数据统一成标准格式，确保数据的准确性和一致性。例如，将不同的货币单位转换成统一的货币单位。

并行处理。利用大数据技术的优势，智能财务系统可以并行处理大量数据，提高数据处理的速度。例如，同时对多个业务部门的财务数据进行处理和分析。

数据缓存。为了加快数据的访问速度，智能财务系统可以采用数据缓存技术，将频繁访问的数据保存在缓存数据库中，避免重复计算和查询。

（二）加强风险管理

智能财务系统的目标之二是加强风险管理，通过实时监控和分析财务数据，及时发现潜在的风险和异常情况。以下是实现该目标的一些关键方法：

实时监控。智能财务系统可以实时监控财务数据的变化，及时发现异常交易和潜在风险。例如，对于大额交易或与历史数据不符的交易，系统可以发出预警。

风险评估模型。通过建立风险评估模型，智能财务系统可以对财务数据进行打分和分类，确定不同风险等级。例如，通过机器学习算法对历史违规交易进行分析，建立风险评估模型，帮助企业识别高风险客户或交易。

自动化报警。智能财务系统可以根据预设的规则和阈值，自动触发报警。例如，当财务数据超过设定的阈值时，系统可以自动向财务部门发送警报。

数据可视化展示。通过数据可视化技术，智能财务系统可以将财务数据转化为直观的图表和图形展示，帮助企业快速发现潜在风险。例如，通过图表展示不同财务指标的趋势和波动情况。

（三）实现数据智能分析

智能财务系统的目标之三是利用机器学习和数据挖掘等技术，对财务数据进行智能分析，发现隐藏的规律和趋势。以下是实现该目标的一些关键方法：

机器学习算法。智能财务系统可以运用各种机器学习算法，如决策树、支持向量机器学习算法、神经网络、聚类分析等，对财务数据进行分类、预测和模式识别。例如，通过应用时间序列分析算法，智能财务系统可以预测未来的财务趋势，帮助企业做出更有针对性的决策。

数据挖掘。智能财务系统可以运用数据挖掘技术，从大量的财务数据中挖掘出有价值的信息。例如，通过数据挖掘算法，系统可以发现不同财务指标之间的关联性，进而优化财务决策和资源配置。

自然语言处理（NLP）。智能财务系统可以利用自然语言处理技术，处理和分析财务报告、合规文件等文本数据。例如，通过 NLP 技术自动解析财务报告的文本内容，提取其中的重要信息，加快数据分析的速度和准确性。

预测分析。智能财务系统可以进行预测分析，预测企业未来的财务状况和业绩。例如，通过分析历史数据和市场趋势，系统可以预测销售额、利润等财务指标的未来发展情况，为企业的决策提供参考。

（四）提供决策支持

智能财务系统目标之四是提供决策支持，为企业管理者提供准确的财务信息和数据可视化展示。以下是实现该目标的一些关键方法：

数据可视化展示。智能财务系统可以将复杂的财务数据转化为直观的图表、图形和仪表盘等形式展示。例如，通过柱状图展示不同业务部门的对比销售额，通过折线图展示企业利润的变化趋势。

实时数据更新。智能财务系统能够实现财务数据的实时更新和追踪，及时反映企业的财务状况和合规情况。例如，管理者可以通过随时查看企业的实时财务指标，来了解企业的经营状况。

智能报告生成。智能财务系统可以自动生成符合会计准则的财务报告和分析报告，帮助管理者快速获取关键信息。例如，系统可以根据用户的需求和选择自动生成不同格式的报告，如 PDF 报告或 Excel 表格。

预测和模拟功能。智能财务系统可以提供预测和模拟功能，帮助企业管理者做出更加准确和明智的决策。例如，通过对不同决策方案进行模拟和比较，帮助管理者选择最优的方案。

二、系统架构设计

智能财务系统的架构应该是灵活、可扩展的，能够适应企业不断变化的需求和技术发展。可以采用分层架构，将前端用户界面、后端数据处理和存储，以及中间的智能分析和推荐模块进行分离。这样可以实现各个模块的独立开发和部署，方便系统的维护和升级。

（一）用户界面层

用户界面层是智能财务系统的前端部分，负责与用户进行交互。这个层次的设计要注重用户体验，确保界面友好、直观，并且能够适应不同的终端设备，如PC、手机和平板电脑。用户界面层可以采用Web应用程序或移动应用程序的形式，使用户能够方便地访问系统。

（二）应用服务层

应用服务层是连接用户界面层和数据处理层的桥梁，负责接收用户的请求，处理业务逻辑，并将结果返回给用户界面。在这一层次，可以实现财务数据的查询、分析、报告生成等功能。此外，还可以实现智能分析和推荐功能，通过调用中间层的智能算法模块，为用户提供智能决策支持。

（三）中间层（智能分析与推荐模块）

中间层是智能财务系统的核心部分，负责数据的智能分析和推荐功能。在这一层次，应用机器学习、数据挖掘和人工智能等技术，对财务数据进行深入分析，发现数据中的规律和趋势，为用户提供智能化的决策建议。这些智能算法模块可以根据实际需要动态更新和优化，以适应不断变化的财务环境和业务需求。

（四）数据处理层

数据处理层是智能财务系统的后端部分，负责数据的存储、处理和管理。在这一层次，需要选择合适的数据库和数据存储方案，确保财务数据的安全性和可靠性。数据处理层包括数据采集、清洗和转换功能，确保财务数据的准确性和一致性。此外，数据处理层还可以与其他企业系统进行集成，实现数据的无缝流动。

（五）数据源层

数据源层是智能财务系统的底层，负责从不同数据源收集财务数据。这些数据源可以包括企业内部的财务系统、业务系统，以及外部的市场数据、金融数据等。数据源层需要确保数据的稳定可靠，同时遵循数据安全和隐私保护的原则。

在智能财务系统的架构设计中，每个层次都应该是独立的，各层之间通过良好的接口和协议进行通信。这种松耦合的设计使得系统更容易维护和升级，同时能够方便地替换或更新某个模块，而不会影响整体系统的稳定性。此外，通过将智能分析和推荐功能放在中间层实现，也使得系统可以灵活地应对不同的财务分析需求和算法的更新。

总体来说，智能财务系统的架构设计应该充分考虑系统的性能、安全性、扩展性和用户体验，为实现系统目标提供高效可靠的财务管理和决策支持。

三、功能模块设计

根据财务管理的不同需求，智能财务系统的主要功能模块包括财务报表生成、预算管理、风险评估、合规监管、数据可视化等。

（一）财务报表生成

财务报表生成是智能财务系统的基本功能之一，它能够自动化地生成符合会计准则的财务报表。

数据收集与整理。系统从各个数据源中收集财务数据，如企业的财务系统、银行对账单等，然后进行数据整理和清洗，确保数据的准确性和一致性。

财务报表模板。系统提供多种财务报表模板，包括资产负债表、利润表、现金流量表等。用户可以根据需要选择适用的模板。

自动计算与填充。系统根据收集到的财务数据，自动计算各项财务指标，并填充到相应的报表模板中。

报表展示与导出。生成的财务报表可以直接在系统中查看和进行分析，同时也可以导出为 PDF 或 Excel 等格式，方便打印和分享。

（二）预算管理

预算管理是帮助企业制定和执行预算的功能模块，它能够实时监控预算执行情况，及时发现预算偏差。

预算制定。系统允许用户制定年度或季度预算，包括收入、支出、投资等方面的预算。

预算执行监控。系统通过与实际财务数据的对比，实时监控预算执行情况，并生成预算执行报告。

预算偏差预警。系统可以设置预算偏差的阈值，一旦预算偏差超过设定值，系统就会自动发出预警通知，帮助企业及时调整预算。

预算调整与优化。系统允许用户根据实际情况对预算进行调整和优化，确保预算的准确性和合理性。

（三）风险评估

风险评估模块基于历史数据和风险指标，对风险进行评估和打分，及时预警潜在的风险。具体细节包括。

风险指标设定。系统根据企业的特定情况，设定相应的风险指标，如资产负债率、流动比率等。

数据采集与分析。系统从不同数据源中采集财务数据，并通过数据挖掘算法对数据进行分析，发现异常情况和潜在风险。

风险评估与预警。系统根据风险指标的数据和分析结果，对企业的风险水平进行评估和打分，并及时发出风险预警。

风险管理建议。系统根据风险评估结果，提供相应的风险管理建议和措施，帮助企业有效应对风险。

（四）合规监管

合规监管模块是确保企业财务活动符合法律法规和内部规章制度的功能模块。

法律法规检查。系统对企业的财务活动进行法律法规的自动检查，确保企业遵守相关规定。

内部规章制度执行。系统监督内部规章制度的执行情况，对违规行为进行预警和记录。

合规报告生成。系统自动生成符合监管机构要求的合规报告和文件，减少合规报告的时间和成本。

合规审计与跟踪。系统记录合规审计过程中的数据和结果，方便监管机构对企业的合规情况进行跟踪和审计。

（五）数据可视化

数据可视化模块将复杂的财务数据转化为直观的图表和图形展示，方便用户理解和分析。

图表展示。系统支持各种图表展示方式，如折线图、柱状图、饼图等，用于展示财务数据的关键指标和趋势。

可交互性。用户可以通过交互操作与图表进行数据筛选、排序、过滤等操作，以便更深入地分析财务数据。

多维度数据展示。系统支持多维度数据展示，用户可以根据需要选择不同的数据维度进行比较和分析，帮助发现隐藏的关联关系。

实时数据更新。数据可视化模块能够实现实时数据更新，保持展示的数据始终与最新财务数据保持同步。

（六）智能推荐

智能推荐模块根据数据分析结果，为企业提供智能化的决策建议和推荐，优化财务管理决策。

数据分析与预测。系统通过机器学习和数据挖掘算法对财务数据进行智能分析和预测，找出潜在的趋势和规律。

决策建议生成。根据数据分析结果，系统自动生成相应的决策建议和推荐，帮助企业管理者做出更明智的决策。

个性化推荐。智能推荐模块应该考虑不同用户的需求差异，提供个性化的推荐服务。

实时反馈。系统应该能够实时反馈决策建议，确保企业管理者能够及时了解最新的决策信息。

智能财务系统的功能模块设计应充分考虑企业的实际需求和管理流程，确保系统能够满足企业的财务管理和决策需求。不同企业可以根据自身情况选择合适的功能模块，并根据业务发展的需要不断优化和拓展系统功能。同时，系统设计应注重用户体验，保证用户可以轻松地使用系统，提高工作效率和决策准确性。

四、用户界面设计

设计用户友好的界面，使用户可以轻松地使用智能财务系统进行各种操作和查询。界面设计应该简洁、直观，并考虑不同用户角色的需求。

（一）管理层界面

为了满足管理层的需求，智能财务系统的管理层界面应该设计简洁、直观，重点呈现企业的财务总览和重要指标。以下是管理层界面的主要特点和功能。

仪表盘展示。界面上应该设置一个仪表盘，用于汇总展示企业的关键财务指标，如总收入、净利润、现金流等。通过色彩、图表和数字的形式，直观地显示企业的财务状况，帮助管理者快速了解企业的整体运营情况。

关键数据图表。为了更深入分析企业的财务情况，界面上还可以提供一些关键数据的图表展示。例如，利润趋势图、现金流量图、成本分布图等图表可以帮助管理者更好地把握企业的财务动态和趋势。

快速查询功能。管理者通常需要快速查询具体的财务数据和报表，界面应该提供快速查询功能，支持按时间、项目、部门等条件进行查询和筛选。查询结果应该能够以表格或图表的形式展示，方便管理者进行数据分析和对比。

财务报告下载。界面上还可以设置财务报告下载功能，让管理者可以随时下载和查阅最新的财务报告，便于他们在决策时做出准确的判断。

（二）财务部门界面

财务部门需要一个功能齐全的界面，用于处理财务数据和报表，进行预算管理和风险评估。以下是财务部门界面的主要特点和功能。

财务报表生成。界面应该提供财务报表生成功能，支持按照会计准则和报告要求自动生成各类财务报表，如资产负债表、利润表、现金流量表等。用户可以选择报表类型、时间范围和细节等条件进行生成。

预算管理。财务部门界面应该有预算管理模块，用于制定和执行预算。用户可以在界面上设定预算指标、分配预算金额，并实时监控预算执行情况。系统应该能够提供预算偏差预警和分析功能，及时发现预算异常情况。

风险评估。财务部门界面应该提供风险评估模块，帮助财务人员对财务数据进行评估和分析，及时发现潜在的风险。例如，系统可以根据历史数据和风险指标对潜在风险进行打分和分类，提供预警信息。

数据录入和导入。财务部门界面应该支持数据的手动录入和批量导入功能，方便财务人员将各类财务数据导入系统进行处理和分析。

（三）审计部门界面

审计部门需要对财务数据进行审计和监管，他们的界面应该具备审计功能和数据安全保护。以下是审计部门界面的主要特点和功能。

数据跟踪和审计。审计部门界面应该有数据跟踪和审计功能，记录财务数据的修改和访问纪录，确保数据的完整性和安全性。审计人员可以通过界面查看审计日志和操作历史。

数据安全设置。界面上应该提供数据安全设置功能，包括权限管理和数据加密等。审计部门应该有权对敏感数据进行访问和操作，其他人员则只能查看相关报表和图表。

审计报告生成。审计部门界面可以生成审计报告和监管报告，将审计结果以报表或文档的形式展示，便于向上级管理者或监管机构汇报审计结果。审计报告应该包含审计发现的问题、整改建议和处理进度，帮助上级管理者了解企业的合规情况。

数据查询和导出。审计部门界面应该支持对财务数据进行查询和导出。审计人员既可以根据需求快速查询财务数据，也可以将查询结果导出为 Excel 或 PDF 文件进行进一步分析和备档。

数据分析工具。审计部门可能需要使用数据分析工具对财务数据进行深入挖掘和分析。界面可以集成一些常用的数据分析工具，帮助审计人员快速获取数据洞察。

在设计用户界面时，需要充分考虑不同用户角色的需求和使用习惯。界面应该简洁、直观，尽量避免复杂的操作和多层次的菜单，使用户能够快速上手和熟练使用系统。同时，界面设计要注重美观和用户体验，提高用户的工作满意度和效率。

除了界面设计，还可以考虑添加一些人性化的功能，如搜索引擎、快捷键、数据可视化配置等，让用户能够更加灵活地使用系统。定期收集用户的反馈意见和需求，根据实际使用情况进行界面优化和功能升级，不断提升智能财务系统的用户体验和价值。通过合理的用户界面设计，智能财务系统将成为财务管理人员和决策者不可或缺的有力工具，提升财务管理效率和决策准确性。

五、系统集成与测试

在系统设计完成后，需要进行系统集成和测试。系统集成包括将各个模块进行整合，确保它们能够协调运行。系统测试应包括功能测试、性能测试、安全测试等，以确保系统的稳定性和安全性。

进行系统集成时，需要注意以下几个方面：

接口兼容性。不同模块之间的接口需要进行兼容性测试，确保数据的传递和交互正常。如果不同模块使用不同的数据格式或通信协议，就需要进行数据转换和适配，以实现数据的无缝传递。

数据一致性。在系统集成过程中，需要保证数据的一致性和准确性。不同模块处理相同数据时应该保持一致的逻辑和算法，确保数据在各个模块之间的传递和处理不会出现错误或偏差。

功能完整性。各个功能模块在集成后应该进行全面的功能测试，确保系统的各项功能都能正常运行。同时，要确保各个功能模块之间的协作和交互能正常进行，不会出现功能冲突或数据丢失等问题。

性能优化。在系统集成阶段，需要对系统进行性能测试，确保系统在处理大量数据和并发请求时能够保持稳定与高效地运行。如果系统出现性能瓶颈，就需要进行优化和调整，以提高系统的响应速度和处理能力。

安全性测试。系统集成完成后，还需要进行安全性测试，检查系统是否存在潜在的安全漏洞和风险。安全性测试包括漏洞扫描、授权验证、数据加密等，以确保系统的数据和用户信息不会被非法访问或篡改。

在系统集成完成后，接下来是进行系统测试。系统测试是对整个智能财务系统的功能、性能、安全性等方面进行全面检查和验证，以确保系统的稳定性和可靠性。

功能测试。功能测试是验证系统的各项功能是否按照需求和设计进行正常工作。测试人员会根据系统需求文档，逐一测试系统的各个功能模块，确认其是否符合预期。

性能测试。性能测试是评估系统在各种负载情况下的性能表现。通过模拟多用户同时访问系统或处理大量数据的情况，测试系统的响应时间、并发能力和资源利用率。

安全测试。安全测试是评估系统的安全性和抵御外部攻击的能力。测试人员通过对系统进行黑盒测试和白盒测试，发现系统中存在的潜在漏洞和安全风险，并提供相应的修复建议。

兼容性测试。兼容性测试是测试系统在不同操作系统、不同浏览器和设备上的兼容性。确保系统在各种环境下都能正常运行。

用户体验测试。用户体验测试是评估系统的易用性和用户友好性。测试人员通过模拟真实用户的使用场景，检查系统的界面布局、交互逻辑和响应速度，以提供用户体验改进的建议。

经过系统集成和测试阶段的全面检查和验证，如果系统通过所有测试，并且达到预期的功能、性能和安全要求，那么智能财务系统就可以进入上线部署和使用阶段。如果在测试过程中发现问题，相关开发和调整工作就应该及时进行，直至系统达到稳定和可靠的状态。

六、上线与维护

完成系统集成和测试后，进行系统上线部署，并进行日常的系统维护和优化。持续维护和升级是保持系统高效运行和持续发展的关键。在进行上线部署前，需要进行一系列的准备工作，包括数据迁移、用户培训和系统文档编写等。

数据迁移。将历史财务数据迁移到智能财务系统中是上线部署的重要任务。确保数据的准确性和完整性，同时进行数据清洗和转换，以适应新系统的数据格式和结构。

用户培训。在上线前，对智能财务系统的用户进行培训是必要的。不同用户需要了解系统的使用方法和操作流程，培训可以通过线上或线下进行，以确保用户能够熟练运用系统。

系统文档编写。编写系统使用手册和技术文档，包括用户指南、系统架构、接口说明等，为用户和维护人员提供参考和支持。

冗余备份。在上线部署后，需要确保系统有合理的冗余备份方案，以防止意外故障导致数据丢失。可以设置定期备份和灾备机制，确保数据的安全性和可恢复性。

系统上线后，需要进行日常的维护和优化工作，确保系统的持续稳定运行和满足不断变化的业务需求。

系统监控。建立系统的监控机制，实时监测系统的运行状态和性能指标。监控系统可以帮助及时发现系统问题，并进行快速响应和处理。

安全更新。定期更新系统的安全补丁和版本，确保系统免受已知漏洞的影响。同时，对系统的安全设置和权限进行定期检查和优化。

性能优化。根据实际使用情况和用户反馈，对系统进行性能优化。优化包括数据库索引优化、代码优化、资源调度等，以提高系统的响应速度和吞吐量。

用户支持。及时响应用户的问题和反馈，提供技术支持和解决方案。建立用户支持渠道，如电话、邮件、在线聊天等，方便用户获取帮助。

功能升级。根据业务需求和技术发展，对系统功能进行升级和扩展。通过定期的功能更新，确保系统始终满足企业的财务管理需求。

维护文档。定期更新系统文档，记录系统的变更和优化情况，为用户和维护人员提供最新的参考和支持。

通过持续维护和优化，智能财务系统可以不断适应企业的发展，提高财务管理的效率和决策准确性，为企业带来更多的利润和竞争优势。

总体而言，智能财务系统的设计需要综合考虑系统目标、功能模块、用户界面、数据处理流程等多个方面，并结合企业的业务需求和技术能力进行设计。高效、安全、智能的财务系统，将为企业的财务管理和决策提供强大的支持。

第二节　大数据技术在智能财务系统中的应用

智能财务系统中大数据技术的应用是多方面的，它利用大数据技术处理海量的财务数据，并运用数据分析和智能算法来实现数据智能化，从而提高财务管理的效率、准确性和决策支持能力。

一、数据分析与智能推断

在智能财务系统中，大数据技术发挥着关键作用，通过对海量财务数据进行分析，挖掘潜在的规律和趋势，为企业提供智能化的决策支持。例如，智能财务系统可以通过机器学习算法对销售数据进行预测，帮助企业制订合理的销售策略和预算计划。此外，系统还可以通过数据挖掘技术发现隐藏在数据中的异常情况，如异常交易、虚假账目等，及时发出预警，降低合规风险。

（一）销售预测与市场营销策略

智能财务系统可以通过对历史销售数据的分析，利用机器学习算法和时间序列分析等技术，预测未来的销售趋势。这使得企业能够提前做好备货计划、调整市场营销策略，并及时应对市场变化。

例如，智能财务系统通过分析历史销售数据，发现某个产品在特定时间段销售量较高。结合其他外部因素（如季节性、节假日等），系统预测该产品在未来几个月的销售量将大幅增长。企业可以根据这个预测，增加该产品的生产和库存，调整广告宣传策略，以满足市场需求。

（二）财务风险评估与预警

通过大数据技术，智能财务系统可以对财务数据进行全面的风险评估。系统利用数据挖掘技术和风险模型，发现潜在的财务风险，如异常交易、虚假账目等。一旦发现异常情况，系统就会发出预警，让企业及时采取措施，降低财务风险。

例如，系统检测到某个员工的财务交易异常频繁或涉嫌违规，系统会立即向相关部门发送预警通知，以便进一步调查并防范潜在的风险。

（三）财务绩效评估与优化

智能财务系统可以对企业的财务绩效进行评估和分析，发现绩效较好和较差的方面，帮助企业找出改进业绩的关键因素。

例如，系统对不同产品线的利润率进行分析，发现某个产品线的利润率较低。通过进一步分析，系统发现该产品线的生产成本较高，导致利润下降。企业可以根据这个分析结果，采取降低生产成本或优化产品组合的措施，提高整体产品绩效。

（四）合规风险管理

智能财务系统可以自动监测和识别违规行为，确保企业的财务活动符合法律法规和内部规章制度。系统通过数据分析和智能算法，发现潜在的合规风险，如未经授权的财务操作、不符合规定的账目记录等。

例如，系统发现某个员工在财务报表中进行虚假记录，系统立即发出预警并向审计部门报告，确保相关违规行为得到及时处理。

数据分析与智能推断在智能财务系统中是实现数据智能化和提供决策支持的重要手段。通过大数据技术的应用，系统可以预测未来的趋势和风险、优化财务绩效、实现合规风险管理，帮助企业做出更明智的决策和规划。

二、实时数据处理与监控

智能财务系统利用大数据技术实现对财务数据的实时处理和监控，确保企业管理者和决策者随时了解财务状况和业务运营情况。系统通过建立实时数据流，将数据及时收集、传输和处理，提供实时的财务报表和指标。管理者可以通过仪表盘和报告追踪关键业务指标的变化，并根据实时数据做出决策。

（一）实时财务报表与指标

智能财务系统通过建立实时数据流，及时收集和处理财务数据，实现实时财务报表和指标的生成。管理者可以随时查看企业的财务状况，包括收入、支出、利润、现金流等关键指标。通过仪表盘和报告，他们可以直观地了解企业的财务绩效，及时发现问题并采取相应措施。

例如，管理者可以随时查看当月的销售额、利润和现金流情况，及时掌握企业的经营状况，并根据实时数据做出销售策略和资金调配的决策。

（二）风险实时预警

智能财务系统可以通过实时监控财务数据，发现潜在的风险和异常情况，并及时发出预警。系统利用数据挖掘技术和风险模型，识别异常交易、财务造假等不正常情况，保护企业免受潜在风险的影响。

例如，系统实时监控交易数据，发现某个账户出现异常的大额转账，与过去的交易行为不符。系统立即向风险管理部门发出预警，让他们采取相应措施调查，防止潜在的财务风险。

（三）业务实时分析

智能财务系统不仅可以监控财务数据，还可以实时分析业务数据。通过实时分析，管理者可以了解销售趋势、客户需求和产品热度等信息，系统可以帮助他们做出及时的市场调整和战略规划。

例如，系统实时分析销售数据，发现某个产品在特定地区的销售量出现大幅度增长。管理者可以根据这个分析结果，及时增加该产品的供应，满足市场需求，提高销售业绩。

总体来说，实时数据处理与监控在智能财务系统中是非常重要的功能，它能够帮助企业管理者随时掌握财务状况和业务动态，及时做出决策和调整，保持企业的竞争力。通过大数据技术的应用，智能财务系统能够实现对财务数据的实时处理和监控，为企业管理者提供更准确、及时的决策支持。

三、数据可视化与报表展示

大数据技术在智能财务系统中实现数据可视化，将复杂的财务数据转化为直观的图表、仪表盘和图形展示。这样的可视化呈现使决策者更容易理解数据的含义和关系，帮助他们更快速地做出决策。通过数据可视化，智能财务系统还可以发现数据之间的趋势和模式，为企业提供更准确的决策支持。

（一）时序数据展示

智能财务系统通过折线图、柱状图等方式，展示财务数据的时序变化情况。管理者可以直观地看到销售额、利润、成本等关键指标随时间的变化趋势，帮助他们及时发现业务上的问题和趋势。

例如，一家零售企业通过仪表盘展示每日销售额的变化趋势，管理者可以在每天营业结束时查看销售额的增长情况，以便及时调整营销策略和库存管理。

（二）地理数据展示

智能财务系统可以将财务数据以地图的形式进行展示，显示不同地区的销售额、利润等指标。这样的展示方式可以帮助企业发现不同地区的业绩差异，指导地区性的市场营销和销售策略。

例如，一家跨国企业可以通过地图展示各个国家的销售额，帮助管理者分析不同市场的表现，并制定相应的销售策略。

（三）预算与实际对比

智能财务系统可以将预算数据与实际数据进行对比展示，帮助企业了解实际业绩与预期业绩之间的差异。这样的展示方式可以帮助管理者及时发现业务上的偏差，并采取措施加以改进。

例如，一家制造企业可以通过柱状图对比每个部门的实际成本与预算成本，及时发现成本偏高的部门，并进行成本控制和优化。

（四）多维数据分析

智能财务系统可以将多个维度的数据进行联动展示，帮助企业更全面地了解业务情况。通过交互式的图表和图形，决策者可以自由选择不同维度的数据，深入挖掘数据背后的模式和关联。

例如，一家零售企业可以通过交互式仪表盘展示不同产品类别的销售额、库存和利润之间的关系，帮助企业管理者了解产品类别的盈亏情况，继而优化产品组合。

数据可视化与报表展示在智能财务系统中是非常重要的功能，它能够帮助企业管理者更好地理解财务数据，发现数据之间的关联和趋势，从而做出更准确、及时决策。通过大数据技术的应用，智能财务系统可以将复杂的财务数据转化为直观、易懂的图表和图形展示，提高决策效率和决策准确性。

总结来说，大数据技术在智能财务系统中的应用是多维度、全方位的。通过数据分析与智能推断，实时数据处理与监控，以及数据可视化与报表展示等功能，智能财务系统可以提高财务管理的效率、准确性和决策支持能力，帮助企业更好地应对市场变化和合规风险，实现可持续发展。

第三节　智能财务系统的实施与效果评估

一、实施阶段与流程

智能财务系统的实施是一个复杂的过程，需要经过规划、设计、开发、测试、部署等多个阶段。在规划阶段，企业需要明确系统的目标和需求，确定技术平台和系统架构。在设计和开发阶段，需要根据需求设计系统的功能和界面，进行系统开发和测试。在部署阶段，系统需要在企业内部推广和应用，确保系统的稳定运行。

（一）规划阶段

确定系统目标和需求。企业首先需要明确智能财务系统的目标和期望的功能，如提高财务数据处理效率、加强风险管理、实现数据智能分析等。

进行可行性分析。对系统的实施进行可行性分析，考虑技术、资源、成本等方面的因素，评估系统实施的可行性和风险。

确定项目团队。组建专业的项目团队，包括业务专家、系统开发人员、数据分析师等，确保项目的顺利推进。

制订项目计划。根据项目目标和需求，制订详细的项目计划，包括时间安排、资源分配、里程碑等，确保项目按时完成。

（二）设计阶段

系统架构设计。根据系统目标和企业需求，设计智能财务系统的整体架构。确定系统的前端用户界面、后端数据处理和存储，以及中间的智能分析和推荐模块。

功能模块设计。根据财务管理的不同需求，设计智能财务系统的功能模块。主要功能模块包括财务报表生成、预算管理、风险评估、合规监管、数据可视化等。

数据处理流程设计。设计合理的数据处理流程，包括数据采集、数据清洗、数据存储、数据分析和数据报告等环节，确保数据的准确性和一致性。

用户界面设计。设计用户友好的界面，考虑不同用户角色的需求。界面设计应该简洁、直观，并具有良好的用户体验。

（三）开发阶段

系统开发。根据设计阶段的需求和设计，进行系统开发。开发团队使用合适的编程语言和开发工具，实现系统的各个功能模块。

数据集成。将智能财务系统与企业现有的财务系统和数据库进行集成，确保数据的传输和交换顺利进行。

（四）测试阶段

功能测试。对系统的各个功能模块进行测试，确保功能的正常运行和符合需求。

性能测试。测试系统的性能，包括响应时间、并发用户数等，确保系统能够支持企业的实际运营需求。

安全测试。测试系统的安全性，包括数据加密、访问权限控制等，保护财务数据的安全和隐私。

（五）部署阶段

系统部署。将智能财务系统部署到企业内部的服务器或云平台，确保系统能够稳定运行。

用户培训。对企业内部的用户进行培训，使其能够熟练使用智能财务系统进行数据分析和决策支持。

推广应用。推广智能财务系统的应用，确保所有相关部门和人员都能使用系统，并逐步取代传统的财务处理方式。

二、效果评估与优化

智能财务系统的效果评估是一个持续的过程。企业可以通过系统使用情况、用户反馈和绩效指标等方面来评估系统的效果。根据评估结果，企业可以对系统进行优化和改进，以逐步提升系统的性能和用户满意度。

（一）用户满意度评估

用户调查和反馈。通过问卷调查或面对面交流，收集用户对智能财务系统的意见和建议。了解用户对系统的使用体验、界面设计、功能满足度等方面的满意程度和不足。

用户使用情况分析。分析用户在系统中的活动和行为，了解用户使用系统的频率、时长以及使用的主要功能。根据用户行为数据，发现用户使用系统的瓶颈和需求，优化系统界面和功能。

（二）系统性能评估

响应时间和稳定性。评估智能财务系统的响应时间和稳定性，确保系统在高并发情况下仍能保持良好的性能，满足企业实时处理和监控的需求。

数据准确性和一致性。检查系统处理数据的准确性和一致性，避免因数据错误而引发的决策失误。对数据处理流程进行检查，优化数据清洗和整合过程。

（三）决策效果评估

决策支持分析。通过对决策过程的跟踪和数据分析，评估智能财务系统对决策的支持效果。比较决策前后的业绩、利润、风险等指标的变化，判断系统对决策的影响程度。

风险管理效果。评估系统在风险预警和风险管理方面的表现，检查系统是否及时发现并应对潜在风险，减少企业的风险及损失。

（四）优化与改进

根据评估结果，对智能财务系统进行优化和改进。尽可能地优化包括改进用户界面设计、增强数据分析功能、加强数据安全措施等。

预算和资源分配。根据评估结果，调整系统的预算和资源分配，确保系统的持续稳定运行和优化升级。

智能财务系统的实施和效果评估是一个循环迭代的过程，通过不断地优化和改进，系统可以逐步提升性能和用户体验感，为企业的财务管理和决策提供更加精准和智能的支持。效果评估的结果可以为企业提供决策依据，为智能财务系统的进一步发展和应用指明方向。

三、成本效益分析

智能财务系统的实施需要投入相应的资金和人力，因此企业需要进行成本效益分析。在成本效益分析中，企业需要综合考虑系统带来的效益和节约成本，以确定系统的投入和回报是否合理。

（一）投资成本

硬件和软件成本。智能财务系统的实施涉及硬件设备的购买和软件的开发和购买，包括服务器、存储设备、数据库、数据分析软件等。

人力成本。系统实施过程中需要专业团队进行需求分析、系统设计、开发和测试等工作，企业需要考虑招聘或培训人员的成本。

外部咨询费用。企业可能需要外部专业咨询机构的支持，进行系统规划和设计，这些咨询费用也需要计入成本。

（二）运营和维护成本

系统运营成本。智能财务系统的运营需要保障系统的稳定性和性能，包括服务器维护、数据备份、数据安全等方面的成本。

人员培训成本。为了保证系统的高效使用，企业需要培训用户和管理员，使他们能够熟练运用系统。

系统维护和更新成本。智能财务系统需要定期进行维护和更新，包括软件升级、安全补丁更新等。

（三）效益分析

提高财务管理效率。智能财务系统可以自动化处理财务数据，减少手工操作，提高数据处理的效率和准确性。

提供智能决策支持。通过数据分析和智能推断，系统为企业提供智能化的决策建议，帮助企业做出更加精准和有效的决策。

降低风险和成本。智能财务系统可以实时监控财务数据和风险，及时预警潜在风险，帮助企业降低合规风险和经营风险，从而节约潜在的成本。

优化资源配置。智能财务系统可以帮助企业优化资源配置，合理安排预算和资金，提高资源利用效率。

（四）成本效益分析方法

财务指标法。通过比较系统投资成本和预期收益，计算投资回收期、净现值、内部收益率等财务指标，评估系统的经济效益。

效益评估法。通过问卷调查、用户反馈等方式，评估系统对业务决策和管理效率的影响，量化效益。

敏感性分析。考虑不同假设条件下的成本和效益变化，进行敏感性分析，评估系统对不确定性因素的容忍程度。

通过综合考虑投资成本和效益，企业可以得出智能财务系统的成本效益分析报告，判断系统是否值得实施。如果成本效益分析结果为正，即预计系统带来的效益高于投资成本，那么企业可以进一步推进系统的实施工作，并在实施过程中不断优化和改进，以确保系统应用的最终成功落地。

四、用户培训与支持

智能财务系统的成功实施需要用户的积极参与和支持。企业需要为用户提供相应的培训和支持，使其能够熟练使用系统，发挥系统的作用。

（一）用户培训

1.计划设计

在智能财务系统的实施过程中，企业需要制订详细的培训计划，确保用户能够全面了解系统的功能和操作方法。培训计划应该根据用户角色的不同，设计不同层次和类型的培训。

培训对象确定。确定受训用户的范围和数量，包括财务部门、管理层、审计部门等不同用户群体。

培训内容明确。根据用户的职责和工作需求，确定相应的培训内容。财务部门的培训内容可能包括财务数据录入、报表生成等操作；管理者的培训内容可能侧重数据分析和决策支持。

培训时间安排。合理安排培训时间，确保用户能够在不影响日常工作的情况下参与培训。企业可以选择在工作时间内进行培训，也可以安排专门的培训时间。

培训地点选择。根据受训人员的分布情况，选择合适的培训地点。对于分布在不同地区的用户，可以采用在线培训的方式，选用视频会议等远程方式进行培训。

培训形式确定。企业可以采用集中培训的方式，将所有受训人员集中在一起进行培训，也可以采用分批培训的方式，将受训人员分为若干批次进行培训。

2.资料准备

为了帮助用户更好地理解和掌握系统的使用，企业应该为用户准备全面且易于理解的培训资料。培训资料包括以下内容：

用户手册。编写详细的用户手册，介绍系统的功能和操作步骤，让用户能够根据手册进行自主学习和操作。

操作指南。提供简明扼要的操作指南，重点介绍常用功能和操作技巧，帮助用户快速上手。

视频教程。制作操作视频，演示系统的使用过程，通过视觉和听觉方式更直观地传达培训内容。

案例分析。结合实际案例，演示系统在不同场景下的应用，让用户理解系统的实际价值和作用。

培训演示。在培训过程中，通过实际操作演示系统的功能，让用户亲自操作，加深理解。

3. 师资培养

培训师是用户学习和掌握系统的重要支持者，他们应该具备系统功能和业务流程的专业知识，以便能够有效地传授知识和解答问题。培训师的培养包括以下措施：

培训师选拔。从企业内部挑选具备专业知识和培训经验的员工担任培训师，也可以考虑邀请外部专业人士担任培训讲师。

培训师培训。为培训师提供专业的培训，包括系统功能培训、培训技巧培训等，确保他们具备完善的培训能力。

培训师交流和分享。定期组织培训师交流会议，分享培训经验和心得，相互学习和提高。

4. 培训和现场培训

为了满足不同用户的培训需求，企业可以采用在线培训和现场培训相结合的方式。

在线培训。利用现代技术，如视频会议、在线培训平台等，进行远程培训。这种方式可以节省时间和成本，尤其适合分布在不同地区的用户。在线培训还可以录制下来，供用户回顾和复习。

现场培训。对于一些复杂的功能或对交互性要求较高的培训内容，可以选择现场培训。在现场培训中，培训师可以直接与用户进行互动，解答用户的疑问，确保培训效果。

5. 反馈和评估

在培训结束后，企业应该收集用户的培训反馈和评估意见，以了解用户对培训的满意度和培训效果，以便优化培训计划和改进培训方式。培训反馈和评估可以通过以下方式进行：

问卷调查。设计问卷调查，向受训用户收集培训满意度、理解程度和培训内容的意见反馈。

个别面谈。与部分用户进行个别面谈，深入了解他们在培训过程中遇到的问题和需求。

培训成果评估。通过对用户在培训后的实际操作情况进行跟踪和评估，了解培训效果。

培训改进计划。根据用户的反馈和评估结果，制订培训改进计划，不断优化培训内容和方式，增强培训效果。

通过综合考虑用户培训和支持的方方面面，智能财务系统的用户能够更好地掌握系统的使用技巧，发挥系统的作用，从而提高财务管理效率和决策准确性。用户的培训和支持是智能财务系统成功实施的重要保障，也是持续优化和提升系统效果的关键措施。

（二）用户支持

1.在线支持平台

建立在线支持平台，提供常见问题解答、技术支持和系统操作指导等服务。这可以是一个知识库或帮助中心，用户可以在其中搜索和查找解决方案。同时，企业可以提供在线客服，通过在线聊天或电子邮件等方式，及时回应用户提出的问题和需求。

2.专属客服团队

为用户指派专属客服团队，建立用户与企业之间的直接沟通渠道。专属客服团队了解用户的具体情况和需求，能够提供个性化的支持服务，并在用户提出问题时及时响应和解决。

3.社区和论坛

搭建用户社区和论坛，为用户提供一个交流和分享经验的平台。在社区和论坛中，用户可以互相帮助解决问题，分享使用技巧和最佳实践。这样的社区氛围有助于形成用户自主支持的文化，减轻企业支持团队的负担。

4.定期培训和更新

定期组织培训和更新，帮助用户掌握系统的最新功能和技巧。培训可以通过在线课程、视频教程等形式进行，以便用户根据自己的时间和需求进行学习。此外，及时通知用户系统的更新和改进也是重要的，确保用户能够第一时间了解系统的最新变化。

5.用户满意度调查

定期进行用户满意度调查，了解用户对系统的使用感受和意见。通过收集用户的反馈意见，企业可以了解用户对系统的满意度、存在的问题和改进建议。这些反馈对优化用户支持服务和改进系统功能都非常有价值。

例如，一家企业实施了智能财务系统，为了确保用户能够充分利用系统，提供了全方位的用户支持。这家企业建立了一个在线支持平台，其中包含了系统的操作指南、常见问题解答和技术支持信息。用户可以在需要的时候随时访问这个平台，寻找解决方案。

同时，企业还为每位用户指派了专属的客服团队。用户可以通过邮件或在线聊天与客服团队直接沟通，得到有针对性的支持。客服团队了解每位用户的具体情况，因此能够更好地解决用户的问题。

此外，企业还要建立一个用户社区，鼓励用户之间互相交流和分享使用经验。在社区中，用户可以提出问题，分享使用技巧，并互相帮助解决困难。这样的社区氛围帮助用户更好地理解系统和发挥其最大作用。

定期培训和更新是该企业用户支持的重要组成部分。企业定期组织在线培训，为用户介绍系统的新功能和最佳实践。同时，每次系统更新后，企业都会向用户发送通知，让用户了解系统的最新变化和改进内容。

　　企业定期进行用户满意度调查，了解用户对系统和支持服务的满意度。通过用户的反馈，企业不断改进用户支持服务，提升用户体验感。这样的用户支持措施帮助企业确保智能财务系统能够得到有效使用，并帮助用户取得更好的业务成绩。

　　用户培训和支持的目标是使用户能够充分了解和熟练使用智能财务系统，发挥系统的作用。通过不断改进培训和支持机制，企业可以提高用户的满意度，促进系统的顺利推广和应用。同时，积极的用户培训和支持有助于提高系统的使用率，提升整体财务管理效率，进一步实现智能财务系统的成功实施与效果评估。

　　在风险管理与合规方面，大数据技术为企业提供了更全面的支持和优化，从风险识别与预警、智能风险管理模型到合规数据监测等方面都发挥着重要作用。智能财务系统的构建与设计、大数据技术的应用以及系统的实施与效果评估都是智能财务管理的关键环节。企业在引入智能财务系统的同时，还需要合理评估成本效益，为用户提供培训与支持，确保系统能够得到顺利推广和应用，从而实现财务管理和决策的优化与升级。

参考文献

[1] 唐珂琳.基于大数据分析技术的商业智能应用策略研究[J].企业改革与管理，2021（15）：84-85.

[2] 宋晓晴，刘坤彪.基于大数据分析技术的商业智能在电子商务数据分析中的应用[J].商场现代化，2020（20）：29-31.

[3] 王宏，嵇绍国.大数据分析的现实应用及发展趋势研究[J].信息网络安全，2021（S1）：134-138.

[4] 乔冰琴，段全虎，高翠莲.企业大数据分析挖掘及大数据BI工具应用实践[J].会计之友，2021（24）：131-137.

[5] 萧文龙，王镇豪，陈豪，等.国内外商务智能及大数据分析研究动态和发展趋势分析[J].科技与经济，2020，33（6）：66-70.

[6] 解明.基于Hadoop的医疗健康档案大数据平台构建研究[J].电子世界，2020（10）：82-83.

[7] 夏靖波，韦泽鲍，付凯，等.云计算中Hadoop技术研究与应用综述[J].计算机科学，2016，43（11）：6-11+48.

[8] 严霄凤，张德馨.大数据研究[J].计算机技术与发展，2013，23（4）：168-172.

[9] 冯立增，宋久祥，魏敬典，等.基于HBase的双数据库在纺织信息化平台的改造与实现[J].工业仪表与自动化装置，2020（2）：123-127.

[10] 吴仁彪，刘超，屈景怡.基于HBase和Hive的航班延误平台的存储方法[J].计算机应用，2018，38（5）：1339-1345.

[11] 沈婷.海事大数据查询服务平台的设计与实现[D].成都：电子科技大学，2015：12-14.

[12] 王增洲.基于HBase查询优化的研究与应用[D].成都：电子科技大学，2021：13.

[13] 宋建琦.人工智能在企业财务管理中的应用研究[J].投资与合作，2020（04）：107-109.

[14] 刘洋.探讨人工智能在企业财务管理中的应用[J].全国流通经济，2020（11）：83-84.

[15] 俞锦平.人工智能在企业财务管理中的应用[J].新商务周刊，2019（14）：20-21.

[16] 吴志强.人工智能在企业财务管理中的应用及展望[J].会计师，2019（16）：20-21.

[17] 马宝全.探讨大数据时代下的企业财务管理创新[J].现代经济信息，2019（16）：223-225.

[18] 张国梁，谢萍.新形势下电网公司财务管理信息系统建设解析[J].现代工业经济和信息化，2018，8（18）：57-58.

[19] 邹铭.大数据时代国有企业财务管理创新研究：以大港油田财务管理工程系统为例[J].北方经贸，2020（02）：83-85.

[20] 王晓丽，于新茹，刘洋.大数据时代企业财务管理创新研究[J].合作经济与科技，2021（06）：120-121.

[21] 龚怡丹.大数据时代下的企业财务管理创新研究[J].中国集体经济，2019（22）：107-108.

[22] 江薇.大数据时代下企业财务管理创新研究[J].财经界，2020（25）：202-203.

[23] 裴子漪.大数据时代下企业财务管理创新研究[J].西部皮革，2020，42（04）：60-61.

[24] 吴昊.大数据时代下企业财务管理的创新研究[J].农村经济与科技，2019，30（24）：120-121.

[25] 阿瑟尔.大数据时代下企业财务管理的创新研究[J].纳税，2017（25）：52+55.

[26] 梅艳霞.大数据时代下企业财务管理的创新研究[J].中国中小企业，2020（07）：161-162.

[27] 金冰树.大数据时代下企业财务管理的创新研究[J].农村经济与科技，2019，30（06）：78-79.

[28] 刘恒屹.大数据时代下企业财务管理的创新研究[J].中国管理信息化，2018，21（13）：45-46.

[29] 刘君.大数据时代下企业财务管理模式的创新研究[J].现代经济信息，2019（22）：198.

[30] 杜梦旖.大数据时代下企业财务管理模式的创新研究[J].时代金融，2019（21）：53-54.

[31] 余义勇，段云龙.大数据时代下企业管理模式创新研究[J].技术与创新管理，2016，37（03）：302-307.

[32] 张敏，刘云菁，郭金同.财务与会计领域的大数据研究：技术与应用[J].会计与经济研究，2021，35（03）：3-22.

[33] 张俊瑞，危雁麟，宋晓悦.企业数据资产的会计处理及信息列报研究[J].会计与经济研究，2020，34（03）：3-15.

[34] 肖云涌.工程咨询设计行业实施财务共享模式研究[J].财会月刊，2019（S1）：120-123.

[35] 樊行健，李憨劼.智能财务标准规范建设的前置性研究[J].财会月刊，2022（02）：3-8.

[36] 郑蕊，杨丽田.智能时代企业财务管理转型研究[J].合作经济与科技，2022（01）：160-161.

[37] 宋建琦.人工智能在企业财务管理中的应用研究[J].投资与合作，2020（04）：107-109.

[38] 吴烨.我国审计如何应对知识经济时代的到来[J].营销界，2019（13）：4.

[39] 袁冬梅.浅析人工智能的应用对审计工作的影响[J].中国乡镇企业会计，2018，（6）：204-205.

[40] 王静.人工智能时代企业财务审计应用之研究[J].审计与理财，2019（07）：40-42.

[41] 陈其杰，庞厚生."互联网+"背景下企业财务管理部门的重塑[J].财经界（学术版），2020（09）：175-176.

[42] 占中.人工智能与传统产业的深度融合发展：以平安科技为例分析企业智能化发展模式[J].人民论坛•学术前沿，2019（18）：22-29.

[43] 贺书品，王庭良."互联网+"时代高职院校财务管理模式创新探究[J].科技经济导刊，2020（30）：100-101.

[44] 卢旭帆，林唯，陈博.智能化背景下社会治理的创新发展模式：基于温州智慧治理的探索实践[J].公安学刊（浙江警察学院学报），2020（3）：12-19.

[45] 叶静.基于医院信息共享平台的财务管理实践与探索[J].财经界（学术版），2016（10）：207-208.

[46] 苏涛，彭兰."智媒"时代的消融与重塑：2017年新媒体研究综述[J].国际新闻界，2018（01）：40-60.